ドイツ有限責任事業会社(UG)

丸山 秀平 著

日本比較法研究所
研究叢書
103

中央大学出版部

装幀　道吉　剛

はしがき

　本書は、筆者が、2011年から2014年までに公刊した6つの論稿（第1章～第6章）（掲載先については、「目次」参照のこと）に、本書執筆にあたり、補足した1節（【第1章―補節】）および最終章の部分（第7章）を書き下ろして加え、1冊にまとめたものである。各章に共通する内容として、2008年ドイツ有限会社法改正法によって制度化された有限責任事業会社（Unternehmergesellshaft：UG）に関する論述がなされているので、表題の通り、本書は、全体として、有限責任事業会社に関する研究として位置づけることができる。

　本書に所収した論稿のうち、時間的にも内容的にも、前記研究の出発点となるものは、制度化された有限責任事業会社に係るドイツ有限会社法の新たな規制について概説した第1章の部分である。第2章の部分は、第1章で述べた内容の一部、すなわち、有限責任事業会社の設立に関する規制について、より具体化して問題点を探ったものである。また、第3章は、有限責任事業会社の設立に際し新たに定められた現物出資禁止規制に関して、連邦最高裁が下した2つの決定を紹介し、前記規制の適用範囲について論述したものである。第1章に続いて、今回の書籍化に際して組み入れた【第1章―補節】部分は、2008年の有限責任事業会社の制度化に至る経緯や制度化に結び付く従来の有限会社形式の見直しや新たな法形式の創造に向けた専門家の提言等について補足したものである。さらに、第4章は、有限責任事業会社の商号使用に係る連邦最高裁の新たな判決について、同判決と共通する法律構成を用いてきた先例と比較しつつ、検討したものである。以上の通り、第1章～第4章までは、いずれも有限責任事業会社に係る新規制の内容に直接関わる論稿として執筆したものである。

　これに対して、第5章は、これまで筆者が行ってきた研究の一部としての弁護士法人（弁護士有限会社）に関して、ドイツの法状況を探るうち、新たに制度

化された有限責任事業会社が、ドイツの弁護士会社、すなわち弁護士有限会社に係る法領域とも関連することに気付いたことを切っ掛けに執筆したものである。さらに、第6章は、ドイツにおいて弁護士会社よりもより利用されている法形式であるパートナーシャフト会社に係る規制についても、2013年パートナーシャフト会社法改正法によってパートナーシャフト有限職業責任会社が制度化されたことが、2008年有限会社法改正法による有限責任事業会社の制度化と共通する部分があるのではないかと考え、執筆したものである。従って、この第5章・第6章の部分は有限責任事業会社に係る研究の応用編として弁護士業や自由業に係る法状況を論じたものと言えよう。

そして、第7章では、前半部で、第1章〜第6章までの内容の確認および補充を行うとともに、後半部で、現在の有限責任事業会社・パートナーシャフト有限職業責任会社の利用状況を探るとともに、それらの競争相手である英国のLimitedやLLPのドイツにおける定着方法としての登記手続について触れた後、今後の課題として、第6章のパートナーシャフト有限職業責任会社についてなお検討すべき問題が提示されていることに言及した。

なお、第1章〜第6章までの内容を要約した独文によるZusammenfassungおよび参考文献リストを巻末に付記している。

筆者としては、本書の刊行をもって有限責任事業会社に関する研究を完了するものではなく、応用領域も含めて今後も研究を続けていく所存である。その意味で、本書は、前記研究の中間報告的なものとして位置づけられると認識している。

本書の書籍化にあたって、第1章〜第6章（【第1章—補節】は除く。）については、引用文献等、必要最小限度の補充をしたもの、論述内容については、それぞれの論稿が掲載された当時のままにしていることをご了承頂きたい。なお、所収した独文のZusammenfassungについては、企業法研究者でありドイツで弁護士として活躍するデニズ・ギュナル氏にアドバイスを頂いた。同氏の協力に対してここに感謝する次第である。

最後に、本書の書籍化を承認頂いた伊藤壽英所長はじめ日本比較法研究所の

皆様に心より御礼を申し上げたい。

　第 1 章～第 3 章に係る論稿は、2010 年度中央大学特定課題研究助成に基づく研究成果である。また、第 4 章に係る論稿は、2013 年度 JSPS 科研費（基盤研究（C））（課題番号 25380112）助成に基づく研究成果、同じく、第 6 章に係る論稿は、2014 年度助成に基づく研究成果のそれぞれ一部である。

　2015 年 5 月 15 日

　　　　　　　　　　　　　　　　　　　　　　　　丸　山　秀　平

目　　次

はしがき

第1章　ドイツにおける有限責任事業会社制度の創設とその評価……1

Ⅰ　はじめに　*1*
Ⅱ　有限責任事業会社制度の創設　*2*
Ⅲ　有限責任事業会社制度の概要　*6*
Ⅳ　我が国の有限会社に係る法状況　*18*
Ⅴ　結びに代えて　*23*

【第1章―補節】　制度導入前史……27

Ⅰ　有限責任事業会社制度導入に至る過程　*27*
Ⅱ　新たな法形式に係る提言等　*28*
Ⅲ　Gehb の「作業者草案」　*30*

第2章　有限責任事業会社の設立……33

Ⅰ　はじめに　*33*
Ⅱ　有限責任事業会社制度の創設　*34*
Ⅲ　設立過程　*36*
Ⅳ　有限責任事業会社の設立方法　*38*
Ⅴ　結びに代えて　*46*

第3章　有限責任事業会社に対する
　　　　現物出資禁止規制の適用限界 ……………………………… 53

　　Ⅰ　はじめに　53
　　Ⅱ　ドイツ有限会社法 5a 条 2 項 2 文による現物出資禁止規制　54
　　Ⅲ　現物出資禁止規制と資本増加　54
　　Ⅳ　会社分割と現物出資禁止規制　55
　　Ⅴ　連邦最高裁民事第二部 2011 年 4 月 19 日決定　55
　　Ⅵ　連邦最高裁民事第二部 2011 年 4 月 11 日決定　63
　　Ⅶ　まとめに代えて　68

第4章　商号の付加語の不正使用と行為者責任 ……………………… 73

　　Ⅰ　はじめに　73
　　Ⅱ　連邦最高裁判所 2012 年 6 月 12 日判決　74
　　Ⅲ　本判決に至る法状況　83
　　Ⅳ　本判決の評価　100
　　Ⅴ　まとめに代えて　108

第5章　弁護士会社・弁護士株式会社・
　　　　弁護士有限責任事業会社 ……………………………………… 113

　　Ⅰ　はじめに　113
　　Ⅱ　有限会社としての弁護士会社　114
　　Ⅲ　弁護士株式会社（Rechtsanwalts-AG）　124
　　Ⅳ　有限責任事業会社制度の創設と弁護士有限会社　134
　　Ⅴ　まとめに代えて　138

第 6 章　パートナーシャフト有限職業責任会社の導入 …………… 141

　Ⅰ　は じ め に　*141*
　Ⅱ　パートナーシャフト会社法改正　*143*
　Ⅲ　パートナーシャフト有限職業責任会社の名称　*152*
　Ⅳ　ニュルンベルク上級地方裁判所第 2 民事部
　　　2014 年 2 月 5 日決定　*156*
　Ⅴ　まとめに代えて　*163*

第 7 章　小括と課題 ……………………………………………………… 165

　Ⅰ　小　　　括　*165*
　Ⅱ　課　　　題　*172*
　Ⅲ　有限責任協働事業組合　*178*

Zusammenfassung I – VI

参 考 文 献

初 出 一 覧

第 1 章
ドイツにおける有限責任事業会社制度の創設とその評価

I　はじめに

　ドイツの立法者は、2008 年の有限会社法改正法[1]によって、有限責任事業会社（Unternehmergesellschaft）の制度を導入した。同法による制度導入直後の 2008 年 11 月 1 日から 2009 年 1 月 11 日までのほんの 2 ヵ月間で既に 1,000 社以上の有限責任事業会社が商業登記簿に登記されており、この数は、2010 年 7 月 30 日までに、35,931 社にまで及んでいる[2]。本章では、この新たな制度に

---

1) Gesetz zur Modernisierung des GmbH –Rechts und zur Bekämpfung von Missbräuchen (MoMiG), BGBl, I 2008, 2026 ff. 同改正法によって、有限会社法 5a 条に、有限責任事業会社に関する規定が新設された。
2) http://www.rewi.uni-jena.de/Forschungsprojekt+Unternehmergesellschaft_p_15120-path-88632.html;Vgl.Bayer/Hoffmann, Die Unternehmergesellschaft (haftungsbeschränkt) des MoMiG zum 1. 1. 2009-eine erste Bilanz, GmbHR 3/2009, S. 124 f. Miras によれば、これとは逆に、2009 年来、ドイツにおいて登記された Limited の数は継続的に下降している。有限責任事業会社導入後 1 年で既にドイツでは、Limited よりも多くの有限責任事業会社が存している。2012 年 2 月 29 日までで、なお 9,043 社の Limited がドイツの商業登記簿に登記されている。登記されている Limited の総数は、有限責任事業会社の導入以来ほぼ半減しており、そのことは重大な市場調整として描くことができる。Limited がブームであった時には、数のうえで優勢を占めていたのは、海外との接触もなく、商号から明らかな僅かな責任しかないとの危険性もない小規模企業であった。そのような法形式の選択は、会社法から見れば、明らかに誤ったアドバイスに拠るものであった。そのような明らかに誤った構成は戻されなければならず、それこそが改正の目的なのである。Limited をドイツの法

ついて概観するとともに、同制度に対してドイツ法上どのような評価がなされているかを探り、会社法の制定に際して有限会社制度を廃止した我が国の法状況とを比較し考察したい[3]。

II　有限責任事業会社制度の創設

1　有限責任事業会社の意義

有限責任事業会社とは、その処分可能な基本資本が25,000ユーロ（通常の有限会社の最低基本資本額、有限会社法5条1項）を下回っている有限会社のことで

　　取引から完全に排除するのではなく、不正な害を及ぼす法形式の選択を誤ってアドバイスされる小規模企業者をとどめるべきことなのである。これに対して、国際的なコンツェルンのドイツの子会社がLimitedの法形式で利益をあげることには何の問題もない（Miras, Akutuelle Fragen zur Unternehmergesellschaft (haftungsbeschränkt) NZG 2012, 486, 487.）。

[3]　有限責任事業会社制度の導入に言及する論稿として、早川勝「中小規模会社法制のあり方──ドイツ有限会社法の規制緩和と現代化（MoMiG）をめぐって」奥島先生古稀記念　第1巻《上篇》現代企業法学の理論と動態（2011、成文堂）587、591頁以下、高橋英治・ドイツ会社法概説（2012、有斐閣）319頁。なお、早川教授は、Unternehmergesellschaftを「事業者会社」、高橋教授は、「企業者会社」と訳されている。本書では、"Unternehmergesellschaft"を敢えて「有限責任事業会社」と訳している。勿論、字句に精確に訳せば、「事業者会社」・「企業家会社」となる。また、有限会社であることからすれば、「有限責任事業者会社」と訳することもできる。またその用途からすれば「起業会社」ないし「起業家会社」とすることも考えられる。本書では、事業者とその実体たる事業との一体的関係を重視するため上記の表記とした。また、後記【第1章─補節】2で指摘したように、2008年有限会社法改正法成立以前に、当時の有限会社よりも更に小規模な企業のための新たな法形式に関するさまざまな提言がなされており、その内、その後の"Unternehmergesellschaft"に結び付く内容を有していると評されるGehbにより当初使用されていた"Unternehmensgründergesellschaft"（本書では「有限責任事業主会社」と訳す。）という用語と区別する意味で、"Unternehmergesellschaft"については「有限責任事業会社」という訳語を使用した点も指摘しておきたい。いずれにせよ、今後の表記の学術用語としての定着を俟ちたい。

ある[4]。前記 2008 年の有限会社法改正法の政府草案に関する公の理由書によれば、有限責任事業会社は、特種の会社形式ではなく、有限会社という法形式の「変形（Variante）」であるとされている[5]。有限責任事業会社に関する有限会社法 5a 条 1 項によれば、有限責任事業会社は、法形式の付加語として、「Unternehmergesellschaft（haftungsbeschränkt）」または「UG（haftungsbeschränkt）」のいずれかの標識を選択しなければならない。前記理由書によれば、これらの付加語は、公衆が、問題となっている会社が非常に少ない基本資本しか装備していないということについて思い違いをしないようなものでなければならない[6]。その限りで（haftungsbeschränkt）という付加語をさらに略記することは認められない[7]。

有限責任事業会社は、「変形」であるとしても有限会社である。従って、法

---

[4] Ensthaler/Füller/Schmidt, Kommentar zum GmbH-Gesetz, 2. Aufl., Luchterhand 2010, S. 102 (Rdn. 1) (Füller).

[5] Entwurf eines Gesetzes zur Modernisierung des GmbH-Rechts und zur Bekämpfung von Missbräuchen (MoMiG)（以下「Reg-Begr., MoMiG」とする。）, BT-Drs. 16/6140 S. 31.（なお、BT-Drs. 354/07 にも政府草案及び理由書が掲載されているが、本章では、16/6140 によって注記する。）.

[6] Reg-Begr., MoMiG,. BT-Drs. 16/6140, S. 31. 最終的に導入された付加語と並び、2007 年 6 月 6 日の決議に基づき、連邦参議院が付加語として提案していたのは、「Gesellschaft mit beschränkter Haftung ohne Mindeststammkapital」若しくは「GmbH (o. M.)」であった (Stellungnahme des Bundesrats, BT-Drs. 16/6140 S. 150.)。Füller は、連邦参議院が提案していた上記の付加語の方がむしろ有限責任事業会社の特性を適切に表していたものであったと評価している（Ensthaler/Füller/Schmidt, a. a. O. (Fn. 4), S. 103 (Rdn. 4) (Füller).）。Spies も、「Unternehmergesellschaft（haftungsbeschränkt）」という標識は、有限会社法 5a 条によって新たな法形式が創造されようとしているのではなく、単に一般の有限会社法と僅かに異なった規制を伴う法形式の変形を問題としていることを示すものとしては不十分であり、連邦政府によって選択された標識は前記の目的を達する性格を欠いていると批判している（Spies, Unternehmergesellschaft (haftungsbeschränkt), Duncker & Humblot 2010, S. 113.）。

[7] Reg-Begr., MoMiG, BT-Drs. 16/6140 S. 31. 例えば haft. – beschr. または haftungsbeschr. のような推定的な略記も許されない（Michalski (Hg.) GmbH-Gesetz Bd. 1, C. H. Beck 2010, S. 788, 806 (Rdn. 60) (Minras)）。

人であり（有限会社法13条1項）、形式商人（Formkaufmann）であり（商法典6条有限会社法13条3項）[8]、事業者（Unternehmerin）である（民法典14条）[9]。有限責任事業会社は有限会社法2条1a項によるひな形書式（Musterprotokoll）を使う簡易な手続きによっても[10]、従来から認められていた公証人による認証の方法によっても設立することができる[11]。また、有限責任事業会社は、有限責任合資会社（GmbH & Co. KG）の無限責任社員になることもできる。そして有限責任事業会社には、有限会社法5a条で明らかに掲げられている特別性の例外を伴うけれども、原則として、有限会社法のすべての規定が適用される[12]。

2　制度創設の契機

Lutterによれば、結果的に、有限責任事業会社の創設と結びついた新たな企業制度の導入を提唱したのはGehbであるとされている[13]。Gehbは、会社設立要件として1ペニーの最低資本金を定めているイギリスの非上場株式会社（Private Company Limited by Shares (Limited : Ltd.)）を、ドイツの有限会社と人的会社の隙間にあるものと位置づけ、そこの隙間を埋めるものとして、新たな、一貫して統一化された（企業創設者の）最低資本金がなく最大限の形式付けのない

---

[8] Michalski a. a. O. (Fn. 7), S. 792 (Rdn. 5) (Minras).

[9] Spies, a. a. O. (Fn. 6) S. 94.

[10] 「ひな形書式」は、有限会社法の附表（Anlage）とされており、最大3名の社員および1名の業務執行者を有する会社の設立であれば、有限責任事業会社のみならず、通常の有限会社であっても利用することができる(Siebert/Decker, Die GmbH-Reform kommt!, ZIP 2008, S. 1208, 1209.)（後記、第2章Ⅳ1参照のこと）。

[11] Wicke, Hartmut, GmbHG Kommentar, C. H. Beck 2008, S. 67 (Rdn. 4) によれば、有限責任事業会社が通常の有限会社に進む道は「一方通行（Einbahnstrasse）」であり、逆行、すなわち、通常の有限会社が資本を25,000ユーロ未満に減少することによって有限責任事業会社になることは許されていないとする（Lutter/Hommelhof, GmbH – Gesetz 17Aufl., Dr. Otto Schmidt 2009, S. 245 (Rdn. 34) (Lutter)も同旨。）。

[12] Michalski, a. a. O. (Fn. 7), S. 792 (Rdn. 4) (Minras). 税務上もこれまでの有限会社と同様に取り扱われる。

[13] Lutter/Hommelhof, a. a. O. (Fn. 11), S. 234 (Rdn. 1) (Lutter).

会社の導入を提案したのであった[14]。

このような有限責任事業会社の導入は、イギリスの Limited がますます普及してきたことに対するリアクションなのである[15]。このことは立法者が、有限会社法の改正によって競争する外国の法形式に対する有限会社の魅力を高めることが法改革の求める方向の1つであると述べていた[16]ことからも明らかである。もっとも、イギリスの Limited との競争を緩和ないし克服するための手段としては、25,000 ユーロという従来の有限会社の最低資本金額を引き下げるあるいは廃止することも考慮の対象とされないわけではない。周知のように、有限会社法改正法の立法者は、改正法の草案段階では、25,000 ユーロから 10,000 ユーロへの基本資本の縮減を計画していた（政府草案 5 条）[17]。これに対して、Lutter は、そのような縮減は「海のものとも山のものともつかない（nicht Fisch noch Fleisch）」として批判し、むしろ、Gehb の提案を支持していた[18]。これに対して、新たな会社形態ないし有限会社の緩和された特別形態への要求を認めず、最低資本金の縮減を支持する見解も有力であった[19]。しかし、最終的に立法者は、通常の有限会社の最低資本金額は縮減せず、有限会社という法形式

---

14) Gehb/Drange/Hecklmann, Gesellschaftlicher Typenzwang als Zwang zu neuem Gesellschaftstyp, NZG 2006, S. 88 ff. さらに Gehb は、当初の "Unternehmensgründergesellschaft" に代わって "Unternehmergesellschaft" という用語を使用して「作業者草案」Arbeitentwurf eines Unternehmergesellschaftsgesetzes を公表している。この点、後記【第1章―補節】3 参照のこと。

15) Ensthaler/Füller/Schmidt, a. a. O. (Fn. 4), S. 102 (Rdn. 1) (Füller).

16) Reg-Begr., MoMiG, BT-Drs. 16/6140 S. 25. この方向性は、2006 年 5 月 28 日に連邦司法省より提案された有限会社法改正法の報告者草案（Referentenentwurf für ein Gesetz zur Modernisierung des GmbH-Rechts und zur Bekämpfung von Missbräuchen (MoMiG)）で打ち出されていた（MoMiG-RefE, S. 33）。

17) MoMiG-RefE, S. 2.

18) Lutter, Markus, Für eine Unternehmer – Gesellschaft (UG) – zur notwendingen Erweiterung der geplanten GmbH – Reform, BB – Special 7/2006, S. 2 ff, Lutter/Hommelhof, a. a. O. (Fn. 11), S. 234 (Rdn. 1) (Lutter).

19) Vgl. Verhandlungen des 66. Deutschen Juristentags, BandⅡ 1, München 2006, S. P45 ff., 69 ff. und S. P75 ff., 134 ff.

の変形としての有限責任事業会社の制度を導入したのである[20]。より正確に言えば、立法者の意図していた前記のような最低資本金額の縮減の機能は、一定額の最低資本金額の定めのない有限責任事業会社制度の導入によって実質的に果たされる以上、最低資本金額の縮減の必要はないとの判断に至ったのである[21]（最低資本金額に対する立法者の姿勢について、後記【第1章—補節】Ⅰ参照のこと）。

Ⅲ　有限責任事業会社制度の概要

以下では、有限責任事業会社に対して適用される特則規定としての有限会社法5a条各項ごとに、有限責任事業会社に係る規制の内容を記し、必要に応じて個別の法的問題点を検討していくことにしたい。

1　最低資本金額

(1)　基本資本の最低額

有限会社法改正法は有限責任事業会社の最低資本金額を具体的に定めているわけではなく、25,000ユーロという限度を下回るものとしてネガティブに定義づけているにしかすぎない。すなわち、有限会社法5a条1項では「同法5条1項による最低基本資本額を下回る基本資本をもって設立される会社」と定めている。この法文は、有限責任事業会社に最低資本金制度が適用されないとしているのではなく、むしろ、有限責任事業会社も、基本資本を有していなければならないが、その額は有限会社法5条1項の通常の有限会社の最低基本資本額である25,000ユーロを下回るものとしているのである。そして、前記Ⅱ1

---

20) Bork/Schäfer, GmbHG. Kommentar zum GmbH-Gesetz, RWS 2010, S. 129 (Rdn. 1) (Schäfer).
21) Beschlussempfehlung und Bericht des Rechtsausschusses (6. Ausschuss) zu dem Gesetzentwurf der Bundesregierung-Drucksache 16/6140-, BT-Drs. 16/9737 S. 94 f., Oppenhoff, Christine, Die GmbH-Reform durch das MoMiG-ein Überblick, BB 31. 2008 S. 1630.

のように、有限責任事業会社には、特則規定としての有限会社法5a条各項以外の有限会社法の規定が適用されるので、有限会社法5条2・3項が有限責任事業会社にも適用される。すなわち、有限会社法5条2項1文は、持分の額は完全なユーロでなければならないとしている。また、同3項は、個別持分の額はさまざまに定めることができるとしている。従って、有限責任事業会社について可能とされる最低限の最低資本額は1ユーロということになる[22]。

(2) 1ユーロ有限責任事業会社

問題となるのは、1ユーロとされている1個の持ち分を有する一人会社である。社員が1ユーロのみで有限責任事業会社を設立することは法律上自由である。しかし、それをしない方がよいとされている。もともと、事業経営のために必ずしも十分とは言えない基本資本を確定すれば、潜在的なビジネスパートナーが寄りつかなくなる危険性がある[23]。より具体的には、自己資本のバッファがなければ、有限責任事業会社は直ぐに債務超過になり、業務執行者は支払不能の申請をしなければならないからである(倒産(支払不能)法13・15a・19条)[24]。つまり、1ユーロ有限責任事業会社は、ビジネスパートナーに向けて一人社員が企業自体を信頼できないものまたは不十分なものと格付けしており、経済的視点からして最も非生産的に経営をしているというシグナルを発していることになるし[25]、当該企業はその設立時から登記費用や口座開設手数料によって既に債務過剰であり、それによって支払不能の状況に達しているのである[26]。前記Ⅰに引用した調査結果によっても、大半の有限責任事業会社の基本資本は1ユーロを超えるものであることが示されている[27]。

---

22) Ensthaler/Füller/Schmidt, a. a. O. (Fn. 4), S. 103 (Rdn. 7) (Füller).
23) Michalski, a. a. O. (Fn. 7) S. 796 (Rdn. 20) (Minras).
24) Lutter/Hommelhof, a. a. O. (Fn. 11), S. 237 (Rdn. 11) (Lutter).
25) Michalski, a. a. O. (Fn. 7) S. 796 (Rdn. 20) (Minras).
26) Ensthaler/Füller/Schmidt, a. a. O. (Fn. 4), S. 103 (Rdn. 7) (Füller), Bork/Schäfer, a. a. O. (Fn. 18), S. 135 (Rdn. 13) (Schäfer).
27) Bayer/Hoffmann, a. a. O. (Fn. 2), S. 124f., Lutter/Hommelhoff, a. a. O. (Fn. 11), S.

2　出資の提供

(1)　現物出資の禁止

　有限会社法5a条2項1文により有限責任事業会社は、金銭出資が全額提供された場合に初めて商業登記簿への登記の申請を行うべきものとされている。また、出資は、金銭に限定されており、現物出資をなすことはできない（有限会社法5a条2項2文）。通常の有限会社の場合（有限会社法5条2項）とは異なり、有限責任事業会社において現物出資が禁止されているのは、有限会社が創業時に一定の資金を必要としており、それが発起人によって最低資本金として選択され、現金で払い込まれなければならないことから、現物出資の必要はないし、従って認められないということによる[28]。また、現物出資が禁止されることは、有限責任事業会社制度創設の趣旨に適うと指摘もなされている。すなわち、通常の有限会社の設立に際して発起人・社員は、金銭出資と現物出資のいずれかを選択することができるが、その際に、現物設立報告が求められたり、裁判所の介入がなされる。しかし、有限責任事業会社の設立に際しては、現物出資が認められていないので、現物設立報告や裁判所の介入はない。従って、その分だけ、手続きの簡易化および迅速化に寄与することになるのである[29]。このように有限責任事業会社について、金銭出資しか認められていないことに対して、批判的な評価もなされている。例えば、これまで自己の名で企業を営んできた商人が、今後は有限責任事業会社を利用したいと望んでいる場合、従前の個人商人としての営業に係る営業財産を現物出資として給付することはできない。そこで、この場合にも金銭出資に依らざるを得ないが、金銭出資の場合、現金を調達するために、現物出資の可能性があったならば自身で定めることができたであろうよりもより低額の基本資本が定められる可能性が大きい。このことは債権者保護の見地からすれば問題があるとの評価である[30]。

---

　　237 (Rdn. 11) (Lutter).
28)　Reg-Begr., MoMiG, BT-Drs. 16/6140 S. 32.
29)　Lutter/Hommelhoff, a. a. O. (Fn. 11), S. 238 (Rdn. 12) (Lutter).

(2) 資本増加と現物出資の禁止

　有限会社法5a条2項2文は、有限責任事業会社の設立の場合の規定であるが、設立後の資本増加についても同条が類推されるかが問題となっているが、この点については、資本増加の結果、有限責任事業会社が通常の有限会社とならない限り、つまり、資本増加後も当該会社が有限責任事業会社として留まっている限りにおいて、同条の適用を肯定するとの見解が支配的である[31]。

(3) 隠れた現物出資

　現物出資規制との関係でさらに問題となるのは、いわゆる「隠れた現物出資（verdeckte Sacheinlagen）」の取扱いである。隠れた現物出資とは、社員が金銭で出資するが、払い込まれた金銭を対価として、当該社員から会社が財産を購入すると、結果的には、社員が当初から会社に当該財産で現物出資をしたのと同じ結果が生ずる。連邦最高裁の判例によれば[32]、隠れた現物出資となるのは、最初から社員と有限会社との間に現金出資と財物の購入とを結びつける合意が存する場合である。判例は、従来、隠れた現物出資の場合には、旧有限会社法19条5項が類推適用され、払い込まれた現金も給付された財産も、たとえ給付された財産が現金出資と同価値かそれ以上の価値を有していたとしても、出資債務の有効な履行とは見なされないという結果に達していた[33]。従って、隠れた現物出資を企てた社員は、改めて金銭出資を行わなければならないものと

---

30) Michalski, a. a. O. (Fn. 7) S. 801 (Rdn. 36) (Minras).
31) Freitag/Riemenschneider, DieUnternehmergesellschaft-"GmbH light" als Konkurrenz für die Limited?, ZIP 2007, S. 1485, 1486, Wicke, a. a. O. (Fn. 11), S. 68 (Rdn. 7), Klose, Andreas, Die Stammkapitalerhöhung bei der Unternehmergesellschaft (haftungsbeschränkt), GmbHR 2009, S. 294, 298, Ensthaler/Füller/Schmidt, a. a. O. (Fn. 4), S. 104 (Rdn. 10) (Füller), Michalski, a. a. O. (Fn. 7) S. 801 (Rdn. 37) (Minras), Lutter/Hommelhoff, a. a. O. (Fn. 11), S. 238 (Rdn. 12) (Lutter).
32) BGHZ 132, 133, 319 = NJW 1996, 1286, 1288.
33) St Rspr des BGH NJW 1998, 1951, 1953 ; BGH NJW 2003, 825.

されていた[34]。

　これに対して、2008年有限会社法改正法は、19条4項3〜5文に掲げられた要件を充足することを前提として隠れた現物出資に算入（Anrechnung）の効力を認容している。とりわけ、有限会社法新19条4項によれば、社員の金銭出資が経済的に見て、金銭出資の引受に関してなされた合意に基づき全部または一部が現物出資であると評価された場合、すなわち隠れた現物出資とされる場合、当該社員の金銭出資義務はなお効力を有し残存している。また、現物やその給付に関する取り決めはそれ自体有効であり、商業登記簿への会社の登記申請時点若しくはその後の会社への移転時における財物の客観的価値は、法律による金銭出資に算入される。つまり、商業登記簿への会社の登記申請時点若しくはその後の会社への移転時における財物の客観的価値に応じて金銭出資額は減少する。財物の客観的価値が取り決められた金銭出資額ないし財物に対する会社の支払額よりも少ない場合、差額が残存することになり、社員は会社に対してその差額分を支払う債務を負う。

　以上のような、通常の有限会社に関する新規制が、有限責任事業会社にも適用されるかが問題となっている。Minasは、有限会社法19条4項は形式違反の結果を規制している一方、有限会社法5a条2項2文は実体的禁止を表しており、両者の規制の性格が異なる以上、有限会社法19条4項2〜4文を有限責任事業会社に適用すべきでないとしている[35]。これに対して、Lutterは、有限責任事業会社の場合でも、財産の給付は「公式に」取り決められていないだけであって、給付はなされており、これは有限会社法19条4項の場合とまさしく同じであり、（取り決めは無効であるにも拘わらず）金銭に代わる有効な目的

---

34) St Rspr des BGH BGHZ 28, 314, 317 = NJW 1959, 383, 384；BGHZ 113, 335 = NJW 1991, 1754；BGH NJW 1998, 1953, BGH NJW 2003, 825.
35) Michalski, a. a. O. (Fn. 7) S. 802 (Rdn. 44, 45) (Minras), Freitag/Riemenschneider, a. a. O. (Fn. 31), S. 1486, Wicke, a. a. O. (Fn. 11), S. 69 (Rdn. 8), も同旨。Schäferによれば、このように否定的な見解が支配的であるとされている（Bork/Schäfer, a. a. O. (Fn. 20), S. 139 (Rdn. 23) (Schäfer)）。

物が給付されているのであるとして、隠れた現物出資に関する規制の有限責任事業会社への適用を肯定している[36]。Füller は、債務法上の現物出資約束のみが無効となるのか、それ以上に、物権的な実行行為（給付行為）も無効となるのかということについて見解の対立があることを指摘するものの、結論は保留している[37]。

3 準備金の積立義務

(1) 法定準備金の積立

有限会社法 5a 条 3 項 1 文は、内部留保の要請（Thesaurierungsgebot）を定めている。すなわち、有限責任事業会社は、年次貸借対照表において法定準備金（gesetzliche Rücklage）を積み立てなければならない。準備金は、以下のように計量されている。すなわち、まず年次超過額（Jahresüberschuss）が、前年度からの損失繰越（Verlustvortrag）と差し引き精算される。続いて、残額の 4 分の 1 が法定準備金として積み立てられなければならない。すなわち、当該準備金は商法典 266 条 3 項によって「法定準備金」（分類番号 A Ⅲ 1）として貸借対照表の貸方（資本・負債）の「自己資本」の部（Rubrik）に計上されなければならず、基本資本と並ぶ独自の項目として別個に表記され[38]、他の（任意）準備金と混同されてはならない[39]。そして、積み立て後の残額が利益として配当可能とされる[40]。

---

36) Lutter/Hommelhoff, a. a. O. (Fn. 11), S. 239 (Rdn. 13) (Lutter), Vgl. Spies, a. a. O. (Fn. 6) S. 155 ff. Spies も結果的には肯定的な見解に立っている（Spies, a. a. O. S. 158.）。

37) Ensthaler/Füller/Schmidt, a. a. O. (Fn. 4), S. 105 (Rdn. 11) (Füller)。

38) Schärtl, Christoph, Unternehmergesellschaft (haftungsbeschränkt)-innovatives Konzept oder "typischer Kompromiss", GmbHR 2007, S. R 305 f.

39) Michalski, a. a. O. (Fn. 7) S. 808 (Rdn. 69) (Minras)。

40) つまり、法定準備金として積み立てられる額は、分配可能な貸借対照表上の利益とはならない（株式法 158 条 1 項 4・5 号参照）（Lutter/Hommelhoff, a. a. O. (Fn. 11), S. 240 (Rdn. 15) (Lutter)）。

(2) 積立義務の範囲

株式法（株式法150条）とは反対に、有限責任事業会社の法定準備金について上限はない。また、その積立義務は有限責任事業会社がそれ自体存続している限り存している[41]。すなわち、有限責任事業会社がその基本資本を25,000ユーロまたはそれ以上に適法に増加し、それが商業登記簿に登記されれば（有限会社法54条3項）、当該登記の時点から有限責任事業会社は、法律上当然に（ipsō jūre）完全に通常の有限会社となり、年次ごとの法定準備金の積立義務は終了することになる[42]。

(3) 法定準備金の使用

有限会社法5a条3項2文によれば、準備金の使用の可能性は次の3つの場合に限定されている。すなわち、①有限会社法57条c（会社資産による資本増加）の目的のため（有限会社法5a条3項2文1号）、②前年度からの利益繰越（Gewinnvortrag）によって補うことができない年次欠損（Jahresfehlbetrag）の補塡のため（同2号）、③年次超過額によって補うことができない前年度からの損失繰越の補塡のため（同3号）、である。有限責任事業会社で積み立てられた法定準備金の使用に関する以上の規制は、株式法150条4項のそれと一致する。有限会社法5a条3項2文2・3号は、株式法150条4項1・2号と法文上全く一致している。準備金のこれらの拘束は、相応の額は社員への資本の支払い（配当）に使用されるべきではないということに行き着く[43]。

(4) 積立義務違反

有限責任事業会社が法律上要求されているよりも少額の準備金しか積み立てていない場合あるいは全く積み立てていないまま、すなわち有限会社法5a条3項1文に反して年次決算を確定した場合の効力が問題となる。これに関し

---

41) Ensthaler/Füller/Schmidt, a. a. O. (Fn. 4), S. 105 (Rdn. 12) (Füller).
42) Lutter/Hommelhoff, a. a. O. (Fn. 11), S. 241 (Rdn. 23) (Lutter).
43) Michalski, a. a. O. (Fn. 7) S. 809 (Rdn. 71) (Minras).

て、株式法 256 条が類推され、年次決算の確定は無効とされるとする見解が支配的である[44]。また、積立義務違反による年次決算に基づいてなされた利益配当決議も株式法 253 条の類推によって無効とされる。さらに、当該決議によって会社が社員に対して利益を配当した場合には、それには法律上の原因はないものとされ、違法配当をなした有限責任事業会社は、民法 812 条 1 項によって社員に対して返還請求権を有することになる。加えて、業務執行者は有限会社法 43 条 3 項により会社に対して損害賠償責任を負う[45]。

4 社員総会の招集義務

(1) 招集の要件

有限会社法 5a 条 4 項は、有限責任事業会社の差し迫った支払無能力 (drohende Zahlungsunfähigkeit) に際し遅滞なく (unverzüglich) 社員総会が招集されなければならないことを定めている。一方、有限会社法 49 条 3 項は、年次貸借対照表若しくは事業年度の途中で作成された貸借対照表が基本資本の半分が失われたことを明らかにしている場合には、社員総会が遅滞なく招集されなければならないと定めている。通常の有限会社に関する上記の規制は有限責任事業会社については廃棄され、「差し迫った支払無能力」に替えられている[46]。有

---

44) Römermann/Wachter, GmbH-Beratung nach dem MoMiG, GmbHR-Sonderheft 2008, S. 25, 34 (Wachter), Freitag/Riemenschneider, a. a. O. (Fn. 27) S. 1488, Wicke, a. a. O. (Fn. 11), S. 70 (Rdn. 12), Ensthaler/Füller/Schmidt, a. a. O. (Fn. 4), S. 106 (Rdn. 15) (Füller, Lutter/Hommelhoff, a. a. O. (Fn. 11), S. 240 (Rdn. 16) (Lutter), Michalski, a. a. O. (Fn. 7) S. 811 (Rdn. 80) (Minras), Bork/Schäfer, a. a. O (Fn. 20), S. 141 (Rdn. 29) (Schäfer).

45) さらに、有限会社法 30・31 条（違法な払い戻しに関する賠償責任）が適用されるとする見解も多い (Ensthaler/Füller/Schmidt, a. a. O., やや批判的な見解として、Waldenberger/Sieber, Die Unternehmergesellschaft (haftungsbeschränkt) jenseits der "Existenzgründer" - Rechtliche Besonderheiten und praktischer Nutzen, GmbHR 2009, S. 114, 118）。

46) Gegenäußerung der Bundesregierung, BT-Drs. 16/6140 S. 4 (Zu Artikel 1 Nr. 6 (§ 5a Abs. 4 GnbHG)) において連邦政府が明らかにしたことは、まず、有限会社法 49

限会社法 5a 条 4 項による規制の趣旨は、有限責任事業会社の差し迫った支払不能（Insolvenz）がエプロン（Vorfeld）にあることを認識させ、それによって社員総会が力を合わせて適時に適切な対抗措置を取り得るようにする点にあり、その限りで同規定は債権者保護の性質を有している。というのは、支払不能の場合に債権者は再生（Sanierung）の場合よりも通例非常により悪い結果になるからである[47]。

(2)「差し迫っている」ことの意義

支払無能力が差し迫っているかは、倒産（支払不能）法 18 条 2 項に定義づけられている。同条 2 項によれば「債務者は、同人が、既存の支払債務を支払期日の時点で履行できる状況にないと見込まれる場合には、支払無能力となることが差し迫っている」とされている[48]。なお、倒産（支払不能）法 17 条 2 項 1 文では、債務者が支払無能力となっている場合について定めているが、上記の差し迫っている場合との相違は、同法 18 条 2 項は、現在支払期日が到来している支払債務のみならず、将来支払期日が到来することになる支払債務にも焦点が合わせられているという点にある[49]。

条 3 項に定められている基本資本の半分の損失との結びつきは有限責任事業会社の場合に最低資本金がないことからすればあまり意味を有するものではないこと、さらに加えて、有限責任事業会社にとって招集事由を累積することは重荷になり正当化すべきではないということである。

47) Michalski, a. a. O. (Fn. 7) S. 816 (Rdn. 102) (Minras). この債権者保護の趣旨からして、招集義務を会社契約で緩和したり廃止することは許されない一方で、必要に応じて会社契約において招集義務をさらに前倒しすることは可能であるとされている（Michalski, a. a. O.）。

48) Michalski, a. a. O. (Fn. 7) S. 817 (Rdn. 105) (Minras) によれば、立証されなければならないことは、最終的に支払無能力となることがそれを回避できることよりも蓋然性が高いか否かということであり、そのための蓋然性の高さは 50% を超えるところに置かれなければならないとされている。

49) Jaeger/Müller Insolvenzordnung, 1. Aufl. 2007, §18 Rdn. 7, MünchKomm Insolvenzordnung, 2. Aufl. 2007, §18Rdn. 10, Lutter/Hommelhoff, a. a. O. (Fn. 11), S. 243 (Rdn. 28) (Lutter).

(3) 支払無能力と債務超過

　支払無能力は、倒産手続開始の申立（倒産（支払不能）法 13 条）に係る事由（同法 18 条 1 項、17 条）とされているが、法人については債務超過も前記事由として掲げられている（同法 19 条 1 項）。債務超過とは、会社が清算した場合に債務者が弁済を完全には受けることができず、且つ、会社の存続の可能性が殆どないとの蓋然性が高いことである。ただ、倒産（支払不能）法 19 条 2 項は、いわゆる「二段階の債務超過（zweistufige Überschuldung）」の概念を定めており、有限責任事業会社も、法人として（有限会社法 13 条 1 項）、同規定に基づき手続きに適った債権の劣後化（Nachrang）の表明をすれば（倒産（支払不能）法 39 条参照）、債務超過を回避する可能性がある[50]。

5　通常の有限会社への移行

(1) 移行の要件

　有限会社法 5a 条 5 項 1 文によれば、有限責任事業会社が基本資本を増加し、同法 5 条 1 項による最低資本額に達したかそれを上回った場合、有限会社法 5a 条 1 項から 4 項まではもはや適用されないものとされる。

　以上のように有限責任事業会社は、基本資本を増加することで、通常の有限会社に移行し、有限責任事業会社に関する特則規定はもはや適用されなくなる。もっとも、有限会社法 5a 条 5 項 2 文は、同条 1 項による商号（当該会社形態）は維持されることもできると定めており、当該会社は実際に旧くなった「Unternehmergesellschaft」という法形式の付加語を伴ったこれまでの商号を続けて用いることもできる。

　有限責任事業会社が、通常の有限会社に移行するためには手続きに適った資本増加（有限会社法 55 条以下）がなされていなければならない。有限会社法 55 条は、既存社員または新社員による新たな自己資本の引受による資本増加を定

---

[50]　Wachter, Thomas, Auswirkungen der Finanzkrize auf die neue Unternehmergesellschaft (haftungsbeschränkt), GmbHR 2008, S. 1296, 1299, Lutter/Hommelhof, a. a. O. (Fn. 11), S. 238 (Rdn. 11). 244 (Rdn. 32) (Lutter).

めているが、有限責任事業会社が通常の有限会社に移行する場合に考慮されるのは、通例、有限会社法5a条3項の内部留保義務に基づく同法57c条1項の方式での会社資産に因る資本増加であるものと思われる[51]。いずれにせよ、4分の3の表決によって承認され、公証人の認証を受けた社員の決議（有限会社法53条2項1文）に基づく定款変更（同53条）がなされ、それが商業登記簿へ登記されること（同54条3項）によって資本増加の効力が生ずることになる。

このように最低資本金額またはそれを超えた額への資本増加によって通常の有限会社が成立するので、有限会社法5a条2項にも拘わらず資本増加は現物出資によって行うことができる（有限会社法56条)[52]。

(2) 名称の移行と土地登記簿

登記との関係でさらに注意しなければならないことは、資本増加が商業登記簿へ登記されたことによって、従来の有限責任事業会社は、その同一性を維持したまま、通常の有限会社に移行するものの、会社に属する不動産等については、従来の有限責任事業会社すなわち「Unternehmergesellschaft (haftungsbeschränkt)」または「UG (haftungsbeschränkt)」という標識を伴った会社が権利者（所有権者、担保権者）として土地登記簿（Grundbuch）に登記されているので、通常の有限会社への移行によって有限責任事業会社という表記が有限会社（「Gesellschaft mit beschränkter Haftung」または「GmbH」という標識を伴った会社）となる場合には、名義が異なる結果になるが、土地登記簿は、業務執行者の申し立てに基づく認証された商業登記簿の抄本の提示によって資格づけられることになる[53]。この点で、Lutterは、立法論として、有限会社への移行によって

---

51) Michalski, a. a. O. (Fn. 7) S. 818 (Rdn. 109) (Minras).
52) Waldenberger/Sieber, a. a. O. (Fn. 45), S. 119, Klose, a. a. O. (Fn. 31), S. 298, Michalski, a. a. O. (Fn. 7) S. 818 (Rdn. 111) (Minras). これに対して、Römermann/Wachter, a. a. O. (Fn. 44), S. 25, 32, 34 (Wachter) は、少なくとも25,000ユーロとなる資本増加が登記されるまでは、現物出資禁止規制が妥当するとしている。
53) Michalski, a. a. O. (Fn. 7) S. 820 (Rdn. 117) (Minras).

法律上当然に名称も移行することが望ましいとしている[54]。

6 小　　括

　これまで、ドイツ有限会社法上の有限責任事業会社に関わる特則規定（有限会社法5a条）を中心に制度の内容を概観してきたが、本章で続いて取り扱う我が国の法状況との比較の点から見れば、ドイツの立法者は、有限責任事業会社を新たな法形式とするのではなく、有限会社であるとしつつ、その最低基本資本の額によって、通常の有限会社とは異なる規制の下におき、その商号も限定していること、有限責任事業会社は1ユーロから設立可能であるが、制度上は1ユーロでも最低基本資本とされていること、有限責任事業会社は将来、通常の有限会社に移行することが予定されており、そのために準備金の積立義務が課せられていること等が明らかとされた。このことを前提として、有限責任事業会社制度に関わる特則規定以外はすべて通常の有限会社に関わる規定が適用可能なのか、さらに、商法典、株式法等との関係についても、なお個別的な問題が残されている状況にある。

　その一例を示せば、前記5⑴に関して、有限責任事業会社が金銭出資による資本増加の方法で最低資本金額またはそれを超えた額へ資本を増加させて通常の有限会社に移行しようとする場合、資本増加の登記申請に関する有限会社法7条2項1文は基本資本の4分の1の払い込みを定めている。同条2項2文は、法定の最低資本金額の半分が払い込まれていなければならないとしているが、新たな基本資本の給付に関する有限会社法56a条は、有限会社法7条2項1文を準用しているが、同2文は準用していない。このことから、例えば、1ユーロで設立された有限責任事業会社が、会社の資本を25,000ユーロに増加して通常の有限会社になる場合には、有限会社法7条2項1文との関連で有限会社法56a条により4分の1、すなわち624,975ユーロだけを払い込めばよいことになる。このことは、有限会社法7条2項が前提としてきた最低12,500

---

54) Lutter/Hommelhof, a. a. O. (Fn. 11), S. 243 (Rdn. 27) (Lutter).

ユーロの最低全額払込義務に反することになる。Miras によれば、状況は立法者によって明らかに望まれていないものであったし、立法者の見落しとしてしか評価することができないとされている[55]。これに対する方策として考慮されているのは、上記の場合に対する有限会社法 7 条 2 項 2 文の類推適用である[56]。

Ⅳ　我が国の有限会社に係る法状況

1　我が国の有限会社法

　有限会社を規律する特別法である有限会社法は、昭和 13 年に制定されている（昭 13 法 74 号）。我が国の有限会社法は、ドイツの有限会社制度を模範としたものである[57]。有限会社法が商法とは別個に法典化された理由として、大規模な有限会社法が商法に編入されることで商法全体の体系を崩すことが危惧されること、特別法となっていた方が事後の法改正の手間が掛からないこと、当時商法自体の改正も急がれていたことから、有限会社規定を商法中に編入すると商法自体の改正が遅れること、が掲げられている[58]。

　有限会社は、中小企業運営のための法形式として我が国においても多くの企業者に利用されてきた。とりわけ、有限会社を選択する企業の割合は平成の年代において増加する傾向にあった。その理由として、平成 2 年商法改正によって株式会社について 1,000 万円という最低資本金制度が採用された結果[59]、そ

---

55)　Michalski, a. a. O. (Fn. 7) S. 819 (Rdn. 113) (Minras).
56)　Michalski, a. a. O., Ensthaler/Füller/Schmidt, a. a. O. (Fn. 4), S. 104 (Rdn. 9) (Füller), Klose, a. a. O. (Fn. 31), S. 298.
57)　斎藤哲＝森淳二朗＝上村達夫・現代有限会社法の判例と理論（1994、晃洋書房）6 頁（正亀慶介）。
58)　田中耕太郎・改正商法及有限会社法概説 280-282 頁、斎藤哲＝森淳二朗＝上村達夫・前掲書 20 頁（奥島孝康）。
59)　平成 2 年改正によって確定された最低資本金額は、改正に至る経緯で、当初予定されていた額よりも縮減されてしまっている（昭和 61 年 5 月 15 日法務省民事局参

の基準をクリアーできなかった既存の株式会社が有限会社へと組織変更したり、新たに会社を設立する場合にも、資金調達の都合から、有限会社の形態を選ばざるを得ないという事情があったということが掲げられる。勿論、有限会社においても、資本の総額は 300 万円を下ってはならないとされていたが（有 9 条）[60]、株式会社よりも基準は低く、多くの企業者にとって利用可能なものであったのである。さらに、そのことを契機として、株式会社に比べて簡易な組織構造を有し、複雑な法的規制を必要としない有限会社の独自性が近時見直される傾向があることも挙げることができよう。たとえば、会社経営を閉鎖的状態のまま維持していこうとする企業家が、株式会社形態を選択する場合、株式譲渡を制限する規定を定款の中に盛り込まなければならなかったが（旧商 204 条 1 項但書）、有限会社形態を選択する場合には、その必要はなかった。確かに、有限会社法は、会社法の改正と連動して改正されており[61]、その結果、有限会社の独自性が益々薄れてきているとの印象もある一方で、上記のような利用者

　　事官室による「商法・有限会社法改正試案」一 20 a では、株式会社 2,000 万円、有限会社 500 万円という案が提示されていた）。このことから、確定された最低資本金の額は過小資本規制として十分に機能するかについて疑問なしとはしえない（稲葉、他・会社の総則・設立（別冊商事法務 114 号）318-319 頁（森本発言）では、過小資本規制に相応する額として試案で示された株式会社についての 2,000 万円を 1,000 万円とすることは問題であるとしている）。結局、この額は現実に閉鎖的な形で会社を運営している企業者にとって、現状以上に資本金額を切り上げる必要性なく新たな規制に対応し得るものであり（瀧澤菊太郎「商法・有限会社法の改正と中小企業」商事法務 1201 号 14 頁、15-16 頁参照）、また、新たに物的会社形態で企業を設立しようとする企業家ためにも適用され得るものとされたのであって、現実との妥協の産物であった（志村治美「最低資本金の法定」判例タイムズ 839 号 68 頁）。
60）　有限会社は中規模ないし小規模企業に適した法形態とされている一方で、あまりにも小規模な企業が濫設されることを防ぐために、最低資本金額の定めがなされたのである。この額は、以前は 10 万円であったが、平成 2 年商法改正に際して現在の額に引き上げられた。
61）　有限会社法が会社法の改正と連動して改正されてきたことは、有限会社法の廃止の直前まで行われてきた。平成 13・14 年の商法改正と連動した有限会社法の改正について、丸山秀平「有限会社―平成 13・14 年改正」法学教室 265 号 37 頁。

数の増大という事実も見逃すことはできなかったのである。

2　会社法の制定による有限会社法の廃止

前記1の法状況は、平成17年の会社法の制定を契機として一変した。まず、会社法の法案として「会社法案」が、平成17年3月22日に第162通常国会に提出された。同法案の理由書によれば「社会経済情勢の変化にかんがみ、会社に関する法制について、最低資本金制度の撤廃、会社の機関の設置等における定款自治の範囲の拡大、合併等の組織再編成に関する手続の整備、有限責任社員のみで構成される新たな会社類型の新設等を行うとともに、国民に理解しやすい法制とするためこれを現代用語の表記によって一体のものとして再編成する必要がある」ことが法案提出の理由であるとされていた。

同法案は、国会審議を経て、平成17年に「会社法」（平成17年7月26日公布、平17法86号）という独立の単行法として成立した。同法は、それまでの「商法」（明治32年法48号、平成17年改正前商法）という法律の「第二編　会社」において定められていた法規を、独立の法典としたものである。この「会社法」は、従来の有限会社に関する法であった「有限会社法」の内容も取り込み、単行法としての「有限会社法」は廃止されるに至った。このことについては、会社法案の原案である「会社法制の現代化に関する要綱試案」（平成15年10月22日　法制審議会会社法（現代化関係）部会）（以下「要項試案」とする。）で、「株式会社に関する規律について、有限会社に関する規律との一体化を図る」、「両会社類型について一つの会社類型として規律する」との方向性が示されていた（要綱試案第四部第一）。これに続く「会社法制の現代化に関する要綱案」（平成16年12月8日　法制審議会会社法（現代化関係）部会決定）（以下「要綱案」とする。）によれば、株式会社と有限会社という両類型の「統合」であるとされていた（要綱案第二部第一1）。会社法は、これらの方向性を受け継いだものである。

会社法施行に伴う経過措置としての「会社法の施行に伴う関係法律の整備等に関する法律」（平17法87号）によって既存の有限会社は、株式会社として存続することとなった（整備法2条1項）[62]。既存の有限会社が、前記整備法上の

特則規定（第1章2節2款）の適用を受ける場合には、「特例有限会社」として、その商号中に「有限会社」の文字を用いなければならない（整備法3条1項)[63]。このような「特例有限会社」は、会社法上の株式会社としては、譲渡制限会社として取り扱われたり（同9条1項）、監査役を設置する特例有限会社における監査役の権限は会計監査に限定される（同24条、会社389条1項）等の特則が定められている。

　会社法による、有限会社制度の廃止に対して、鴻博士は当時で「百万社もある会社を廃止するのだとしたら」（昭和25年改正による株式合資会社の廃止の場合とは異なり）「とんでもない話であって……有限会社制度に大きな弊害を生じていることを聞かない。」として中小企業により相応しい会社形態を創設した上で、有限会社から新たな会社への組織変更を簡易に行えるような手立てを講ずべきであるとして、制度の廃止に反対する意見を述べられていた[64]。これに対して、立法担当者の側からの反論として、我が国の中小企業の多くが有限会社と並んで定款に譲渡制限の定めのある株式会社（株式譲渡制限会社）の形態をとっているという実態を考慮すべきこと、有限会社という名称に人気がないこと、有限会社を譲渡制限会社と併存させた上で新たな法典に有限会社に関する条文を設けると有限会社法の条文の数倍になり、そこまでして有限会社形態を残す意味がないこと、が示されていた[65]。

3　株式会社における最低資本金の廃止

　前記1の通り、会社法制定以前には、大規模企業を経営するための法形式と

---

62)　前記要綱案（同第二部第一3）によれば、有限会社として存在している既存会社の取扱いについて「会社法施行後も所要の経過措置を設ける」とされていた。

63)　山本憲光「有限会社法の廃止に伴う経過措置」相澤哲編著・新・会社法の解説（別冊商事法務295号）229頁、230-231頁によれば、「有限会社」の商号の継続使用は、中小企業団体からの強い要望もあったが、「株式会社」の商号使用を認めると取引の相手方等に誤認が生ずるおそれがあることから、認められたものであるとする。

64)　鴻常夫「会社法制の現代化について」月刊監査役491号3頁。

65)　別冊商事法務編集部編・会社法現代化の概要（別冊商事法務288号）2-3頁。

しての株式会社において最低資本金額は1,000万円とされていた（旧商168条ノ4）。しかし、平成11年に制定された特別法である「中小企業の新たな事業活動の促進に関する法律」（平成11法18号）（以下「中小企業挑戦支援法」とする。）に基づき、同法の適用を受ける株式会社については、最低資本金を設立から5年間は免除する措置がとられていた（旧同法3条の2）。同法は「中小企業の創意ある成長発展が経済の活性化に果たす役割の重要性にかんがみ、創業及び新たに設立された企業の事業活動の支援並びに中小企業の経営革新及び異分野の中小企業の連携による新事業分野開拓の支援を行うとともに、地域におけるこれらの活動に資する事業環境を整備すること等により、中小企業の新たな事業活動の促進を図り、もって国民経済の健全な発展に資することを目的とする」ものであり、ベンチャー企業の創立を促すための立法として機能することが期待されていた。勿論、同法によっても最低資本金制度自体がなくなった訳ではなかったが、同法の適用を受ける場合には、当初から1円の最低資本金を定めることで会社を設立することが可能となっていた（いわゆる「一円企業」）。

このような状況を考慮して、平成17年の法改正によって、最低資本金制度自体が廃止された（旧商法168条ノ4の削除）。それに伴い、前記特例に係る規定（旧中小企業挑戦支援法3条の2）も削除されている。

ただ、現行会社法上、「資本」ないし「資本金」の制度そのものが無くなったわけではない。まず、株式会社の設立に際して、発起人は成立後の株式会社の資本金および資本準備金の額に関する事項を定めるものとされている（会32条1項3号）。同様に従来の新株にあたる「募集株式」の発行に際しても、会社は、原則として株主総会の決議によって、増加する資本金および資本準備金に関する事項を定めなければならない（会199条1項5号、2項、新株予約権について、同236条1項5号）。そして、資本金の額は、会社法に別段の定めがある場合を除き、設立または株式の発行に際して株主となる者が当該株式会社に対して払い込みまたは給付をした財産の額となる（会445条1項）。

このような資本ないし資本金は、配当の財源規制としての機能を有している[66]。すなわち、配当原資としての剰余金の算定基準となっていること（会446

条 1 項 1 号ニ）は従来と同様である。

　さらに、配当規制に関わる会社法 453 条から 457 条までの規定は、株式会社の純資産額が 300 万円を下回る場合には適用されない（会 458 条）とされていることにも注意しなければならない。このことで、実質的に、有限会社の最低資本金制度がなお、機能していると見ることができる。

　最低資本金が廃止されたことで、株式会社は 1 円でも設立可能である。しかし、実際には、定款の印紙代（40,000 円）、定款認証手数料（50,000 円）、登記申請に関する印紙代（150,000 円か資本金の 0.7％のいずれか大きい方）、金融機関の証明書作成手数料、等の費用がかかる（筆者注：本書執筆段階、2015 年でも同様である。）。また、上記の配当規制（会 458 条）との関係で、設立後は、300 万円の純資産額の確保を考慮すべきである[67]。

V　結びに代えて

　以下に、これまで論じてきたドイツと我が国との法状況の異同について確認すべき点および考慮すべき点を記し本章の結びに代えたいと思う。

　まず、ドイツの有限責任事業会社制度の創設の契機となった外国の競争相手との関係で有限会社を以前より利用しやすいものとする観点及びその背景となっている社会状況について、企業活動についても EU 領域内での居住移転の自由が認められ、法形式の選択の点でも常に他国との競争に晒されているドイツと比べて、我が国の場合には、海外企業がその母国法に基づく法形式を伴って参入するためには、当該企業が外国会社（会 2 条 2 号）として認許される必要があり（民 35 条 1 項）、法形式上の競争に晒される危険性は相対的に高いもの

---

66)　郡谷大輔＝岩崎友彦「会社法における債権者保護」273 頁によれば、現行法の「資本」は、会社財産の維持機能を有しておらず、従ってこの機能を前提としなければ債権者保護との関係を従来の資本の三原則は強調されず、同原則は債権者保護との関係で役割を果たしているとは考えないとする。

67)　丸山秀平・新株式会社法概論（2009、中央経済社）44 頁。

ではないと考えられる。もっとも、海外企業が我が国に子会社を設立したり、我が国の会社を買収することは我が国でも現実のものとなっているが、これは法形式の競争の問題とは異なる。これは、我が国の法形式を借りて海外企業が参入しているのであって、ドイツのように法形式そのものが他国の法形式によって脅かされているわけではないからである。

　ドイツの立法者は、有限会社という法形式を独自のものとして維持しつつ、その利用度を高めるための方策として有限責任事業会社の制度を創設するに至った。一方、我が国の立法者は、有限会社という法形式の独自性を否定し、株式会社の制度に編入した訳である。これに関連して我が国では中小企業のための法形式として譲渡制限株式会社の利用度が有限会社に匹敵していたという事情も考慮されなければならない。

　これに関連して、中小企業やベンチャー企業の創業者のために会社制度を利用しやすくするための努力は、ドイツにおけると同様、最低資本金制度の廃止という結果を伴い、我が国でも考慮されてきた。厳密に言えば、我が国では会社法の制定によって最低資本金制度が廃止されたと言っても、資本金額算定の基礎となる「払い込み又は給付に係る額」（会445条1・2項）は最低出資額として1円は必要であるので、結果的にはドイツの有限責任事業会社の最低資本金額1ユーロと異なるところはない。

　しかし、ドイツでは1ユーロ有限責任事業会社の存在意義は、それが支払不能さらには債務超過を招いてしまうということで、それほど高いとは言えない。むしろある程度以上の基本資本を伴って有限責任事業会社として設立すべきことが実際上要請されているものと言えよう。これは、ドイツの資本制度が会社債権者保護の点から実際の資産を引き当てにしたものとして位置づけられていることから裏付けられる。内部留保義務も、資本充実に結びつくものとなっている。これに対して我が国の場合、出資に際して払い込まれる金額が1円である場合、実際には定款の認証費用などで資産が実質的にマイナスの状態で設立される点に変わりはないが、株主資本の計算上は（実質的にマイナスであっても）当面「零」として取り扱われている（会社計算規則43条1項3号、会社計

算規則附則 11 条 5 号)。このような点からも示唆されるように、我が国の立法者は、資本を債権者保護のための引き当てというよりもむしろ株主に対する配当財源として位置づけている[68]。この点で、我が国の立法者による株式会社に対する資本規制が、ドイツと異なっている点を理解しなければならない。

　この相違は、ドイツにおける有限責任事業会社の商号、法形式の付加語の使用が、将来の債権者としての取引相手の保護と結び付いていると思われることに対し（この点、後記第 4 章参照のこと）。我が国の特例有限会社という商号使用が従来の取引名称の継続性を重視していることにも反映している。

　今後の問題として、ドイツでは、有限責任事業会社に対する特別規定とそれ以外の既存規定との部分的調整を図るべきことが解釈論上のみならず立法論上も残されている[69]。一方、我が国では、廃止され会社法に組み込まれた有限会社規制の実質的復活は、結果的には、現在論議されている「公開会社法」[70]の帰趨にかかっているものと言えよう。私見としては、「公開会社法」が実現された抜け殻として残されたものが結果的に中小非公開会社法になるというのではなく、中小企業者にとって合理的な規制を考慮した「中小会社法」ないし「非公開会社法」に係る規制のあり方を積極的に考慮すべきことを立法者に期待したい。

---

68)　郡谷大輔＝岩崎友彦、前掲（注 66）273 頁、資本充実の原則に関し、283 頁。

69)　例えば、Klose, a. a. O. (Fn. 31), S. 298 は、有限会社法 5a 条 5 項の変更を提言している。最近の文献として、Ullenboom, David, Die Unternehmergesellschaft (haftungsbeschränkt) nach § 5a GmbHG – bloße Einstiegsvariante oder versatil einsetzbare Rechtsform?, Schriften zum Handels – und Gesellschaftsrecht, Band 155, Hamburg 2014.

70)　日経 2009.9.14 紙面では、民主党が「公開会社法」の素案をまとめた旨の記事が掲載されている。

【第 1 章―補節】　制度導入前史

I　有限責任事業会社制度導入に至る過程

　冒頭で述べたように、有限責任事業会社制度は、2008 年の有限会社法改正法によって導入されたものである。そして、同制度導入の契機となったのは、有限会社法の改正によって競争する外国の法形式、例えばイギリスの非上場株式会社（Limited）に対する有限会社の魅力を高めることにあったことは、前記の通り、前記改正法に係る理由書で示されていた[1]。とりわけ、2003 年 9 月 30 日のヨーロッパ最高裁判所の判決[2]以来、ドイツの有限会社という法形式が、EU 圏に広がる居住移転の自由に基づきドイツにおいても活動することができる EU 加盟国に由来する有限会社と類似の会社との競争に立ち至ったことで、（筆者注：その当時）ドイツ法と比較して、EU 加盟国の多くは有限会社の設立に際して求められている設立の手続きや引受済み資本の調達（最低資本）がより少ないものとなっている点が指摘されており[3]、ドイツ法においても最低資本金の減額を目指した改革に迫られていたのであった。同様の方向性は、前記改正法の報告者草案（2006 年 5 月 29 日）で既に明らかにされていた[4]。先に述べたように前記草案では、有限会社法 5 条 1 項の改正案として、25,000 ユーロから 10,000 ユーロへの基本資本の縮減が示されていた。しかし、それ以前の、

---

1) Reg-Begr., MoMiG, BT-Drs. 16/6140 S. 25.
2) EuGH, Rs. C-167/01, Slg. 2003, I-10155 = NJW 2003, 3331.
3) Reg-Begr., MoMiG, BT-Drs. 16/6140 S. 25.
4) MoMiG-RefE, S. 33.

2005年6月の有限会社の最低資本金額の改定に関する立法草案[5]のなかで同様の規定が定められていたのである。この当初の、有限会社の最低資本金額の10,000ユーロへの縮減を（筆者注；結果的には実現されなかったものの）[6]2006年1月1日に発効すべきものとされていたのであった[7]。

2008年の有限会社法の改正に当たって、立法者は、上記のような既存の有限会社の最低資本金額の縮減という方法も、後記Ⅱ・Ⅲで提示されているような新たな法形式の創造という方法も採らずに、既存の有限会社の「変形」であり、しかも資本金額1ユーロから設立できる有限責任事業会社制度を導入することで、それぞれの要請に応えたのである[8]。

Ⅱ　新たな法形式に係る提言等

前記Ⅰの有限責任事業会社の導入に至る前段階に当たる課程で、通常の有限会社よりも更に小規模な企業のための新たな法形式に関するさまざまな提言・意見表明がなされていた。さまざまな見解については、Spies. が詳論している[9]。

Spiesによって掲げられているものは、人的会社を手掛かりとした提言としての、①制限された責任を伴った人的会社（PmbH）、②合資会社モデル（KG-Modelle）、③制限された責任を伴った個人商人（EmbH）である[10]。①について

---

5) Gesetzentwurf zur Neuregelung des Mindestkapitals der GmbH (MindestkapG), BT-Drucks. 15/5673 = BR-Drucks. 619/05.
6) 同草案は、2005年9月23日、連邦参議院によって否決され、法律として成立しなかった。
7) Reg-Begr., MoMiG, BT-Drs. 16/6140 S. 25.
8) Vgl. Rüdiger Veil, Die Unternehmergesellshaft im System der Kapitalgeseiishaften, ZGR 2009, 623, 625 ff.
9) Spies, Unternehmergesellschaft (haftungsbeschränkt), Duncker & Humblot 2010, S. 37 ff.
10) Spies, a. a. O. (Fn. 9), S. 38.

は、「緑の党による草案（Grüne Entwurf）」[11]、②については、(i) 1971 年有限会社法改正研究会（Arbeitkreis GmbH-Reform）による「出資に基づく商事会社（Handelsgesellschaft auf Einlagen：HGaE）」草案[12]、(ii) 制限された責任を伴った合資会社に関する「ライプチヒ草案」[13]、(iii) 合資会社構造の有限会社への移行に関する Bayer の提言[14]が紹介されている。

　一方、資本会社を手掛かりとした提言として Spies が掲げているのは、④ 有限会社の設立の簡素化に関する立法草案（GVGG）[15]、⑤「柔軟な資本会社（Flex-Cap）」案[16]、そして⑥ 有限責任事業主会社（UGG）[17]、である。⑥ に関し、後記Ⅲ参照のこと。また、以上の提言等の有限会社法改正史における位置づけについては、別稿参照のこと[18]。

---

11) BT-Drucks. 16/9737, 16/9795.
12) Heuck, Götz, Handelsgesellschaft auf Einlagen, Eine Alternative zur GmbH & Co. KG, Band 1., Heidelberg 1971. S. 9 f.
13) Drygala, Tim, Für eine alternative Rechtsform neben einer reformierten GmbH – Leipziger Entwurf einer Kommanditgesellschaft mit beschränkter Haftung (KmbH), ZIP 2006, 1797.
14) Bayer, Walter, Moderner Kapitalschutz, ZGR 2007, 220.
15) Entwurf eines Gesetz zur Vereinfachung der Gründung einer Gesellschaft mit beschränkter Haftung (GVGG) des Justizministeriums Nordrhein-Westfalen („Basis-GmbH").
16) Schall, Alexander/Westhoff, André, Warum Deutschland eine neue Kapitalgesellschaftsform braucht, GmbHR 2004 R. 381.
17) Gehb, Jürgen/Drange, Günter/Heckelmann, Martin, Gesellschaftsrechtlicher Typenzwang als Zwang zu neuem Gesellschaftstyp, NZG 2006, S. 88. Gehb/Heckelmann, Gesellschaftsrechtsreform im Doppelpack – Gründerinteressen dürfen hinter dem Gläubigerschutz nicht zurücktreten, GmbHR 2006, R349.
18) 丸山秀平「有限会社法の成立前史としての法形式論争と 2008 年改正法」『ドイツ会社法の研究』所収予定。同論稿では、Spies により、人的会社と資本会社という両観念が 19 世紀の有限会社の展開に際して既に相対立していたこと、両概念のいずれかが、株式会社に対する規制の代替としての機能を果たすべきものとして、当時、主張されていた諸提言の基盤となっていたことが指摘されている（Spies, a. a. O. (Fn. 9), S. 37.）。

Ⅲ　Gehb の「作業者草案」

　Gehb による「作業者草案」[19]は、73 条に及んでいる。本書第 1 章で、Lutter によって、Gahb は、2008 年有限会社法改正法によって採用された有限責任事業会社に結びついた新たな企業制度の導入を提唱した者として評価されている[20]。ただ、前記草案では、Gehb が当初使用していた"Unternehmensgründergesellschaft (UGG)"[21]に代わって"Unternehmergesellschaft"という用語が使用されている。この用法は 2008 年改正法によって導入された有限責任事業会社と紛らわしいので、以下、Gehb の元々の用法に基づく「有限責任事業主会社」という訳語を使用したい。

　Gehb によって有限責任事業主会社（UGG）という新たな法形式を創造するに至る背景として掲げられていたのは、前記Ⅰと同様、居住移転の自由と本店移転に関するヨーロッパ最高裁判所の判決によって会社形式の限定（numerus clausus）が打ち破られ、イギリスの Limited や将来は米国の会社との競争を余儀なくされることであった。ここで、Gehb は、有限会社法を必要以上に改正するのではなく、有限会社をそのまま維持しつつ[22]、有限責任事業主会社という新たな法形式を立案することを立法者に求めたのであった。彼が構想した有限責任事業主会社は、拘束的な資本ストックを供することなく経済活動に参加できる企業類型として[23]、設立手続きの簡易化、最低資本金の廃止、持分譲渡の緩和、債権者保護のためのさまざまな手法を伴う構造を有するものであり、この構造は、「作業者草案」に引き継がれている。

---

19) Jürgen Gehb, Arbeitentwurf eines Unternehmergesellschaftsgesetzes. なお、筆者による引用は、Spies, a. a. O. (Fn. 9), S. 417 ff. Anhang E による。
20) Lutter/Hommelhof, GmbH – Gesetz 17Aufl., Dr. Otto Schmidt 2009, S. 234 (Rdn. 1) (Lutter).
21) Gehb, a. a. O. (Fn. 85), NZG 2006, 88.
22) Gehb, a. a. O. (Fn. 85), NZG 2006, 91.
23) Gehb, a. a. O. (Fn. 85), NZG 2006, 90.

すなわち、有限責任事業主会社は、本法に準拠してそれぞれの法律で認められた目的のために一人または複数の者によって設立される（作業者草案1条1項）。有限責任事業主会社は、固有の法人格を持った会社であり、会社の債務について責めを負うのは会社財産のみである（同2項）。会社は、商法典の意味における商事会社とされる（同3項）。定款が社員全員によって確定され、会社が商業登記簿に登記されることで設立される（同草案2条1項）。EUの公用語で定款を作成することができるが、商業登記に際しては、権限ある者により原本との一致が確認され、ドイツ語による翻訳が提出されなければならない（同4項）。会社の主たる営業所の所在地は、定款で定めた、ドイツ連邦共和国内とするが、管理部門を連邦共和国外に置くこともできる（同草案5条）。各社員の基本出資は金銭で給付されなければならず、最低額は1ユーロである（同草案6条1項）。会社に対する関係で社員として認められるのは、商業登記簿に提出された社員名簿に登録された者だけである（同草案15条1項1文）、等の規定が定められている。

第 2 章
有限責任事業会社の設立

I　はじめに

　ドイツでは、2008 年有限会社法改正法[1]によって、有限責任事業会社（Unternehmergesellschaft）の制度が創設されている。同改正法は、競争する外国の法形式に対する有限会社の魅力を高めることをその目的の 1 つとして掲げており[2]、有限責任事業会社は、イギリスの非上場株式会社（Limited : Ltd.）との競争を緩和しないし克服するために具体化された法制度である[3]。すなわち、立法者は、有限責任事業会社制度に係る法規定として、有限会社法（GmbHG）5a 条を新設した。同条が、有限責任事業会社に関する特則規定とされたのである。
　有限責任事業会社制度の概要については、既に別稿[4]（本書第 1 章）において

---

1)　Gesetz zur Modernisierung des GmbH –Rechts und zur Bekämpfung von Missbräuchen (MoMiG), BGBl, I 2008, 2026 ff.
2)　2007 年 5 月 23 日「有限会社法改正法政府草案（Entwurf eines Gesetzes zur Modernisierung des GmbH–Rechts und zur Bekämpfung von Missbrauchen (MoMiG))」に係る「理由書（Begründung (Reg-Begr., MoMiG))」(BT-Drs. 16/6140 S. 25)。同旨、2006 年 5 月 28 日「有限会社法改正法報告者草案（Referentenentwurf für ein Gesetz zur Modernisierung des GmbH–Rechts und zur Bekämpfung von Missbräuchen (MoMiG)(MoMiG-RefE))」S. 33. なお、BT-Drs. 354/07 にも政府草案および理由書が掲載されているが、本章では、BT-Drs. 16/6140 によって注記する。
3)　Ensthaler/Füller/Schmidt, Kommentar zum GmbH–Gesetz, 2. Aufl., Luchterhand 2010, S. 102 (Rdn. 1) (Füller).
4)　丸山秀平「ドイツにおける有限責任事業会社制度の創設とその評価」日本比較法研究所 60 周年記念論文集（2011、日本比較法研究所）795 頁。同稿は、有限会社と

論じているので、本章では、制度の説明は最小限度にとどめ、専ら有限責任事業会社の設立に関わる法規制と問題点を中心に論ずることとしたい。具体的には、有限会社に認められた簡易な設立方式、有限責任事業会社の設立登記申請の際の全額払い込み規制および現物出資の禁止と「払込の払戻し」に論及する。とりわけ、簡易な設立方式が、通常の有限会社の設立と有限責任事業会社の設立とのそれぞれについて、どのように利用されることになるのか、その結果として、これまで通常の有限会社に関する法状況がどのような影響を受けることになるのかについて検討したい[5]。

II　有限責任事業会社制度の創設

　有限会社法 5a 条によれば、同法 5 条 1 項による最低基本資本額を下回る基本資本をもって設立される会社は、同法 4 条とは異なる商号（当該会社形態）のもとで、「Unternehmergesellschaft (haftungsbeschränkt)」若しくは「UG (haftungsbeschränkt)」という標識を伴わなければならないとされている。この意味における有限責任事業会社とは、その処分可能な基本資本が 25,000 ユーロ（有限会社法 5 条 1 項）を下回っている有限会社のこととされる[6]。前記 2008 年有限会社法改正法の政府草案理由書によれば、有限責任事業会社は、特種の会社形式ではなく、有限会社という法形式の「変形 (Variante)」であるとされている[7]。すなわち、有限責任事業会社は、「変形」であるとしても有限会社であ

　　いう法形式を独自のものとして維持しつつ、その利用度を高めるための方策として有限責任事業会社の制度を創設するに至ったドイツ法と、有限会社と言う法形式の独自性を否定し、株式会社の制度に編入した日本法との比較を試みたものである（第 1 章参照のこと）。

5)　なお、通常の有限会社の設立に関し、高橋英治・ドイツ会社法概説（有斐閣 2012）328 頁以下、この内、有限責任事業会社に関して、333-334 頁。
6)　Ensthaler/Füller/Schmidt, a. a. O. (Fn. 3), S. 102 (Rdn. 1) (Füller).
7)　Reg-Begr., MoMiG, BT-Drs. 16/6140 S. 31.

る[8]。従って、有限責任事業会社には、有限会社法 5a 条で明らかに掲げられている特別性の例外を伴うけれども、原則として、有限会社法のすべての規定が適用される[9]。

　有限責任事業会社は、法形式の付加語として、「Unternehmergesellschaft (haftungsbeschränkt)」または「UG (haftungsbeschränkt)」のいずれかの標識を選択しなければならない。前記理由書によれば、これらの付加語は、公衆が、問題となっている会社が非常に少ない基本資本しか装備していないということについて思い違いをしないようなものでなければならない[10]。その限りで (haftungsbeschränkt) という付加語をさらに略記することは認められない[11]。ただ、この付加語を付せられた会社が、非常に少ない基本資本しか装備していないと適切に理解されうるかについて、立法後も疑念を呈する意見がある[12]。この点

---

8)　有限責任事業会社も、法人であり (有限会社法 13 条 1 項)、形式商人 (Formkaufmann) であり (商法典 6 条有限会社法 13 条 3 項) Michalski (Hg.) GmbH-Gesetz Bd. 1, C. H. Beck 2010, S. 788, 792 (Rdn. 5) (Miras)、事業者 (Unternehmerin) となる (民法典 14 条) (Spies, Unternehmergesellschaft (haftungsbeschränkt), Duncker & Humblot 2010, S. 94.)。また、有限責任事業会社は、有限責任合資会社 (GmbH & Co. KG) の無限責任社員になることもできる。

9)　Michalski, a. a. O. (Fn. 8), S. 792 (Rdn. 4) (Miras). 税務上もこれまでの有限会社と同様に取り扱われる。

10)　Reg-Begr., MoMiG, BT-Drs. 16/6140, S31. 最終的に導入された付加語に替わるものとして 2007 年 6 月 6 日の決議に基づき、連邦参議院が付加語として提案していたのは、「Gesellschaft mit beschränkter Haftung ohne Mindeststammkapital」若しくは「GmbH (o. M.)」であった (Stellungsnahme des Bundesrates, BT-Drs. 16/6140 S. 150.)。また、ドイツ弁護士会は、付加語として提案していたのは、「Gründergesellschaft mit beschränkter Haftung」または「Gründer-GmbH」ないし「GGmbH」であった (Handelsausschuss des Deutschen Anwaltsvereins, Stellungsnahme zum Regierungsentwuf eines Gesetzes zur Modernisierung des GmbH – Rechts und zur Bekämpfung von Missbräuchen (MoMiG), NZG 2007, S. 735, 737.)。

11)　Reg-Begr., MoMiG, BT-Drs. 16/6140 S. 31. 例えば haft. – beshr. または haftungsbeshr. のような推定的な略記も許されない (Michalski, a. a. O. (Fn. 8), S. 806 (Rdn. 60) (Miras))。

12)　Füller は、連邦参議院が提案していた前掲注 10) の付加語の方がむしろ有限責任

は、第 1 章でも言及しているが[13]、本章では、後に本章の視点に基づき改めて考察の対象としたい（後記Ⅴ）。

Ⅲ　設　立　過　程

　本書で取り扱う有限責任事業会社は有限会社である。そこで、本節では、有限責任事業会社の設立の位置づけを明らかにするためにも、有限会社や株式会社を含む資本会社（Kapitalgesellschaft）の設立過程について以下のことを確認したい。

　まず、ドイツ法上、資本会社は法人とされており、そのことを前提として、資本会社の成立（Entstehung）に至るまでの過程は、通常、3 つの段階に分けられている。すなわち、まず、設立関与者の間で設立前組合（Vorgründungsgesellshaft）が形成される。これは民法上の組合である。次に、株式会社における定款（Satzung）ないし有限会社における会社契約（Gesellschaftsvertrag）の認証によって、設立中の会社（Vorgesellshaft）が成立する。そして、最後に、商業登記簿への登記によって法人としての資本会社が成立する[14]。

　　事業会社の特性を適切に表していたものであったと評価している（Ensthaler/Füller/Schmidt, a. a. O. (Fn. 3), S. 103 (Rdn. 4) (Füller).）。Spies も、「Unternehmergesellschaft (haftungsbeschränkt)」という標識は、有限会社法 5a 条によって新たな法形式が創造されようとしているのではなく、単に一般の有限会社法と僅かに異なった規制を伴う法形式の変形を問題としていることを示すものとしては不十分であり、連邦政府によって選択された標識は前記の目的を達する性格を欠いていると批判している（Spies, a. a. O. (Fn. 8), S. 113.）。
13)　丸山、前掲注 4)、796 頁（注 6）。
14)　Hirte, Einführung in : Aktiengesetz・GmbH-Gesetz 42Aufl. C. H. Beck 2010, XV. Vorgründungsgesellshaft は、会社契約の確定を目的とする組合であるので、会社契約の確定によって、その目的を達成し解散するものと解されているが、商業登記簿への登記の段階までその存在を認める見解もある（丸山秀平「いわゆる「会社の前身（Vorgesellshaft）」について」田中誠二先生米寿記念論文現代商事法の重要問題（1984、経済法令研究会）26 頁参照）。

これと並んで、以上の設立過程において「設立（Gründung）」という用語とともに「設定（Errichtung）」という用語が使用されていることにも注意しなければならない。とりわけ、後者について、株式会社では、発起人がすべての株式を引き受けると株式会社が設定されるとされている（株式法29条）。一方、有限会社については、同様の規定はない。しかし、形式に適って会社契約が確定されることが設定に当たるとされている[15]。すなわち、有限会社法2条1項1文では、会社契約について公証人によって認証された形式が求められており、同法3条1項4号では、各社員が基本出資（Stammeinlage）に対して引き受けた持分の数および額が記載されなければならないとされている。このことからすれば、株式会社について定款が公証人によって認証され（株式法23条1項1文参照）、発起人がすべての株式を引き受けることで株式会社が設定されるのと同様に、有限会社にあっても前記のような会社契約の確定を有限会社の設定と見ることができよう[16]。

　以上のことを前提とすれば、有限会社の場合、会社契約の確定前には設立前組合が、確定後には設立中の会社が存在することになり、後者は商業登記簿への有限会社設立登記の受理までの間、存続することになる。このことは、基本的には有限責任事業会社の場合にも妥当するものと言えよう。なぜなら、有限責任事業会社も法形式としては有限会社であり、会社契約の認証から商業登記簿への登記までの過程は、基本的には通常の有限会社と同様であるからである。従って、有限責任事業会社についても、設立前組合および設立中の会社の存在が考慮されることになる。もっとも、有限責任事業会社については、次節Ⅳで述べるように、簡易な設立方法が選択される可能性が高く、また単独社員による設立によって一人設立（Einmanngründung）がなされることも視野に入

---

15) Lutter/Hommelhoff, GmbH – Gesetz 17Aufl., Dr. Otto Schmidt 2009, S. 237 (Rdn. 10) (Lutter).

16) 　この意味において、会社契約は、有限会社の憲法（Verfassung）としての組織規範であるとともに、有限会社の設定に関する発起人（設立企画者）の合意であると見ることができる（Vgl. Lutter/Hommelhoff, a. a. O. (Fn. 14), S. 83 (Fn. 12) (Bayer)）。

れなければならない。以上の点については、次節以下で検討してゆくことにしたい。

Ⅳ　有限責任事業会社の設立方法

　前記Ⅱで述べたように、有限責任事業会社も「変形」ではあるが、法形式としては有限会社であり、その設立も通常の有限会社の設立に関する一般規定に従うものとされている。なお、有限責任事業会社は、当初から有限責任事業会社として設立することのみ認められており、通常の有限会社として設立されたものが、事後的に有限責任事業会社となることは認められていない。すなわち、組織変更法190条以下による有限責任事業会社への形式転換もできないし、既存の有限会社が25,000ユーロを下回るように資本を減少することによって有限責任事業会社となることもできない（有限会社法58条参照）[17]。

1　簡易な設立

　有限責任事業会社は、有限会社法2条1a項による「ひな形書式（Musterprotokoll）」を使う簡易な手続きによっても、また、従来から認められていた上記書式によらずに締結された会社契約（有限会社法2条1項）に基づいても設立することができる。いずれの手続きにも公証人による認証が必要である（有限会社

---

17)　Lutter/Hommelhoff, a. a. O. (Fn. 14), S. 236 (Fn. 6) (Lutter). Wicke, GmbHG Kommentar, C. H. Beck 2008, S. 67 (Rdn. 4) も、有限責任事業会社が通常の有限会社に進む道は「一方通行（Einbahnstrasse）」であり、逆行は許されていないとする。これに関して、有限会社を清算し、清算手続結了前に当該有限会社を有限責任事業会社として継続するという方法の可否が問われているが、Füllerによれば、この種の設計は、「変容された乗り口（Einstiegsvariante）」という有限責任事業会社の先見的理解には反しており、清算段階に入ったことによってもまた継続の決議があったとしても変えられるのは有限会社の同一性ではなく、会社の目的だけであって、清算有限会社を有限責任事業会社として継続する決議には、株式法241条3号の類推はないとしている Ensthaler/Füller/Schmidt, a. a. O. (Fn. 3), S. 102 (Rdn. 3) (Füller)。

法2条1項1文・同条1a項5文）。

　有限会社法2条1a項による「ひな形書式」を使う簡易な手続きのための「ひな形書式」は、有限会社法の附表（Anlage）とされている。この「ひな形書式」に基づく簡易な設立方法は、前記2008年有限会社法改正法によって採用されたものであり、書式が利用されることで、複雑ではない標準的な場合の有限会社設立の簡易化につながる[18]とともにとりわけ外国の法形式に対する有限会社の競争力を高めることになる[19]。

　この「ひな形書式」は、最大3名の社員および1名の業務執行者を有する会社の設立であれば、有限責任事業会社のみならず、通常の有限会社であっても利用することができる（有限会社法2条1a項1文）[20]。この書式を使うことによって、従来2週間から4週間かかっていた認証手続が[21]、わずかの日数に短縮されることになる[22]。この限りにおいて、通常の有限会社と有限責任事業会社との間に簡易な手続きの利用の可能性について差異はないように見える。しかし、前者に比べて後者の場合の方が費用面で有利に取り扱われることが指摘されている。すなわち、非訟事件費用法[23]によれば、通常の有限会社の設立に際

18）　BT-Drucks16/9737, S. 54.
19）　Reg-Begr., MoMiG,. BT-Drs. 16/6140, S. 31.
20）　Siebert/Decker, Die GmbH-Reform kommt!, ZIP 2008, S. 1208, 1209.
21）　Wachter, Verschlankung des Registerverfahrens bei der GmbH-Gründung – Zwölf Vorschläge aus der Praxis, in：Gesellschaftsrechtliche Vereinigung (Hrsg.), Die GmbH-Reform in der Diskussion, S. 59 mwN in Fn 10, Lutter/Hommelhoff, a. a. O. (Fn. 14), S. 93 (Fn. 36) (Bayer)．この点に関する、データを示すものとして、Eidenmüller, Die GmbH im Wetbewerb der Rechtsformen, ZGR 2007, S. 169, 196によれば、2006年のデータとして、有限会社設立までの日数としておおよそ24日という数字が示されている。これは、World Bank GroupのDoing Business in Germany (http://www.doingbusiness.org/data/exploreeconomies/germany#starting-a-business) からの引用によるものであると思われるが、2010年の時点で比較しうるデータを閲覧すると、15日という数字が示されている。
22）　Gehb/Drange/Hekelmann, NWG 2006, S. 88, 91, Römmermann GmbHR 2006, S. 673, 674, Lutter/Hommelhoff, a. a. O. (Fn. 14), S. 93 (Fn. 36) (Bayer).
23）　Gesetz über die Kosten in Angelegenheiten der freiwilligen Gerichtsbarkeit

しては常に 25,000 ユーロという最低価格が基礎費用の算定基準とされる（費用法 39・41 d 条）。これに対して、有限責任事業会社は、前記の基準によらず、同法 32 条による業務価格（Geschäftswert）による基準が適用される。従って、例えば、2,000 ユーロの最低資本額の有限責任事業会社の設立に際しては定款の認証手数料は 36 ユーロとなる[24]。

このように有限責任事業会社が「ひな形書式」による簡易な設立方法を利用した場合、費用面で優遇されることになるとともに迅速な設立が可能となるという結果が明らかとなる。

設立手続の迅速化に関して今 1 つ指摘されているのは、一人有限会社に関する従来の特別が削除された点である[25]。すなわち、旧有限会社法 7 条 3 項 3 文では、有限会社が 1 名の社員のみによって設定される場合、同項 1 文および 2 文に規定されている出資（基本資本の 4 分の 1）が給付され、当該社員が残りの部分について保証（Sicherung）をしている場合に初めて登記申請がなされるべきものとされていた。これに対して、2008 年有限会社法改正法の政府草案では、同草案 2 条 1a 項の場合に附表 2 のひな形[26]を利用することで申請がなされる旨の提案がなされた[27]。同草案理由書によれば、前記の保証に係る規制は、1989 年 12 月 21 日の一人有限会社指針[28]を超えるものであって、削除されるべきものとされた[29]。2008 年有限会社法改正法は、ひな形書式に係る規制を調

(Kostenordnung), zuletzt geändert durch Art. 4 G v. 24. 9. 2009 I 3145.

24) Michalski, a. a. O. (Fn. 8), S. 793 (Rdn. 9) (Miras). また、Miras は、とりわけ内部関係に関する規制がないことに基づき複数人（2 名以上の発起人）による設立のためのひな形書式は推奨できないとして、一人有限責任事業会社にとってひな形書式は内容的にも十分であり、手数料法の観点においても少なくとも 14,000 ユーロの最低資本額に達するまでは自由な形式の定款よりも費用上得であると指摘している (a. a. O.)。
25) Lutter/Hommelhoff, a. a. O. (Fn. 14), S. 235 (Rdn. 3) (Lutter).
26) Reg-Begr., MoMiG, BT-Drs. 16/6140 S. 21.
27) Reg-Begr., MoMiG, BT-Drs. 16/6140 S. 6.
28) Einpersonen-GmbH-Lichtlinie, 89/667/EWG.
29) Reg-Begr., MoMiG, BT-Drs. 16/6140 S. 33.

整した上、旧有限会社法7条3項3文自体を削除したのである。このことから、有限責任事業会社が一人によって設定されれば、従来の保証規制が必要とされないことで実質的に設立の迅速化が図られたことになる。

2 全額払込と登記申請

有限会社法5a条2項1文によれば有限責任事業会社は、金銭出資が全額提供された場合に初めて商業登記簿への登記の申請を行うべきものとされる。これに関し、以下の点を考慮しなければならない。

通常の有限会社に関する有限会社法7条2項2文によれば、払い込まれた金銭出資の額に現物出資として給付されるべき持分の額を加えた総額が25,000ユーロという基本出資額（有限会社法5条1項）の半額に達するように基本資本が払い込まれていなければならないとされている。このことは、以下のことを意味する。すなわち、有限責任事業会社については、24,999ユーロまでの基本資本が全額払い込まれなければならないので、12,500ユーロから24,999ユーロまでの基本資本額が定められた場合にその基本資本額と同額を払い込んでいなければ登記申請が認められない。一方、通常の有限会社で、基本資本額を25,000ユーロとするものは、12,500ユーロを出資していれば、通常の有限会社としての登記申請をなすことができるということである。つまり、12,500ユーロを超える基本資本を有する有限責任事業会社の場合には商業登記のために25,000ユーロの最低資本を有する通常の有限会社の設立よりも高額が払い込まれなければならないというおかしな結果になる[30]。もともと、有限責任事業会社の全額払込の要請について、2008年有限会社法改正法の政府草案理由書によれば、基本資本は発起人（設立企画者）によって自由に選択され定めることができるので、有限責任事業会社の場合半額の出資の可能性は必要とはされないし、各有限会社は設立後当初から一定の資金（Barmittel）が必要とされるので、この資金は発起人によって最低資本金額として選択され、現金で払い込ま

---

30) Michalski, a. a. O. (Fn. 8), S. 800 (Rdn. 33) (Miras).

れなければならない、それ故、現物出資は不要であり、許されないとされていた[31]。このような有限責任事業会社における全額出資の要請が貫徹される限りにおいて、前記の結果が生ずることも立法者によって認識され、受け容れられていたとの指摘も見受けられる[32]。ただ、前記の結果が生ずるような法状況からして、有限責任事業会社の設立が促されるのは、処分可能な資本が12,500ユーロを下回ったときであることになる[33]。

　通常の有限会社について、有限会社法8条2項では取締役による保証が要請されている。すなわち、申請においては、有限会社法7条2・3項で記された持分に基づく給付がなされており、当該給付の目的物が最終的に取締役の自由な処分の下にあることが保証されなければならない（有限会社法8条2項1文）。有限責任事業会社については、このような保証に関する明文の規定はない。しかし、学説上は、有限責任事業社の登記に際して、取締役は、有限会社法8条に掲げられている保証をしなければならないとされている[34]。その理由として掲げられていることは、有限会社法5a条2項の全額払込の要請の趣旨[35]、である。

　加えて、通常の有限会社については、有限会社法24条で、不足額に関する社員の責任が課せられている。すなわち、基本出資を支払い義務者から引き出すことができず、持分の売却によってもこれをカヴァーすることができないときには、他の社員は不足額を持分の割合に応じて調達しなければならない。この規制は、基本資本の調達（Aufbringung）に関わるものであるが[36]、責任を負うべき他の社員の存在が必要なことから、複数人から成る会社について適用され、一人設立が多い有限責任事業会社への適用の可能性は乏しい。

---

31) Reg-Begr., MoMiG, BT-Drs. 16/6140 S. 32.
32) Michalski, a. a. O. (Fn. 8), S. 800 (Rdn. 33) (Miras).
33) Ensthaler/Füller/Schmidt, a. a. O. (Fn. 3), S. 104 (Rdn. 8) (Füller).
34) Ensthaler/Füller/Schmidt, a. a. O. (Fn. 3), S. 104 (Rdn. 8) (Füller), Lutter/Hommelhoff, a. a. O. (Fn. 14), S. 237 (Rdn. 8) (Lutter).
35) Ensthaler/Füller/Schmidt, a. a. O. (Fn. 3), S. 104 (Rdn. 8) (Füller).
36) Michalski, a. a. O. (Fn. 8), S. 1529 (Rdn. 3) (Ebbing).

3　現物出資の禁止と「払込の払戻し」

　有限責任事業会社の設立に際しては、金銭出資のみが認められており、現物出資は認められていない（有限会社法 5a 条 2 項 2 文）。その理由として掲げられていることは、通常の有限会社の場合（有限会社法 5 条 4 項）とは異なり、有限責任事業会社において現物出資が禁止されているのは、有限会社が創業時に一定の資金を必要としており、それが発起人によって最低資本金として選択され、現金で払い込まれなければならないことから、現物出資の必要はないし、従って認められないということである[37]。

　現物出資禁止規制に関連する個別問題として、設立後の資本増加についても有限会社法 5a 条 2 項 2 文が類推されるか否か、いわゆる「隠れた現物出資（verdeckte Sacheinlagen）」の取扱いをどのように考えるか、等が考慮されなければならない。しかし、これらの点については既に第 1 章で取り扱っていることもあり[38]、本章では、この点への言及は最小限にとどめ、以下の「払込の払戻し（Hin-und Herzahlen）」の問題を検討したい[39]。

　「払込の払戻し」について想起されるのは、例えば、社員が金銭出資をしたが、それが直後に社員への貸付という形で払い出されてしまうような場合である[40]。このような場合、結果として残るのは、会社の社員に対する貸付債権のみとなる。

---

37)　Reg-Begr., MoMiG, BT-Drs. 16/6140 S. 32.

38)　丸山、前掲注 4) 801-803 頁。有限会社法 19 条 4 項によれば、社員の金銭出資が経済的に見て、金銭出資の引受に関してなされた合意に基づき全部または一部が現物出資であると評価された場合、すなわち隠れた現物出資とされる場合、当該社員の金銭出資義務はなお効力を有し残存している。また、現物やその給付に関する取り決めはそれ自体有効であり、商業登記簿への会社の登記申請時点若しくはその後の会社への移転時における財物の客観的価値は、法律による金銭出資に算入される（前記第 1 章Ⅲ 2 (3)参照のこと）。

39)　これに関し、久保寛展・ドイツ現物出資法の展開（2005、成文堂）、107 頁。

40)　Siebert/Decker, a. a. O. (Fn. 19), S. 1210.

これまでの判例によれば[41]、このような「払込の払戻し」は、金銭出資義務を適正に履行したものとは見なされてこなかった。というのは、出資が返還されてしまうことで取締役が自由に処分できる給付が欠けてしまうことになるからである[42]。

　このような状況は、とりわけ実務において行われてきたいわゆる「キャッシュ・プール（Cash Pool）」の場合に影響を及ぼすこととなる。なぜなら「キャッシュ・プール」では、コンツェルン内部において、キャッシュ・プールに組み込まれた子会社の口座への入金が、親会社のキャッシュ・プール中央口座に転記されることで、子会社の株主である親会社に戻されることになるのである[43]。このような方式は、経済的に意義があり、通例、子会社の利益にも適っているのであるが、資本維持の観点からみれば、解釈論次第では問題となり、国際的なコンツェルン活動の制約となる虞れが生じることとなる。

　これらのことを考慮して[44]、2008年有限会社法改正法の立法者は、通常の有限会社について、これまでとは異なり、「払込の払戻し」の場合であっても社員の出資義務は、会社の社員に対する債務法上の債権が返還（Rückgewähr）（先の例で言えば、社員に対する貸付の返済）の結果として全額（完全な価値 vollwert）が用立てられ且つ常に履行期にあるかまたは履行できるものとされている限度で果たされているものと規定している。

　すなわち、有限会社法19条5項によれば、経済的に見て出資の払戻と同視されるが、有限会社法19条4項の意味における隠れた現物出資と評価することができない社員への給付が出資前に合意されている場合[45]、当該給付が、常に履行可能であるかまたは会社による即時解約によって履行可能とされる返還

---

41) BGH 165, 113, 116 ; BGH 165, 352, 355 f.
42) Siebert/Decker, a. a. O. (Fn. 19), S. 1210.
43) Michalski, a. a. O. (Fn. 8), S. 1439 (Rdn. 185) (Ebbing).
44) Reg-Begr., MoMiG, BT-Drs. 16/6140 S. 41.
45) この種の給付または給付の合意は有限会社法8条の申請書に記載されなければならない（有限会社法19条5項2文）。

請求権全額をカヴァーしている場合に限り (nur dann, wenn)[46]、社員は出資義務を免れるものとされている。

このように立法者はこれまで不明確であった「払込の払戻し」、とりわけ実務において重要な役割を果たしてきた「キャッシュ・プール」に対する法的不明確さを除去し、有限会社法 19 条 5 項の要件の下での有効性を明らかにしたのである[47]。

しかし、ここでさらに問題となるのは、通常の有限会社に係る有限会社法 19 条 5 項の有限責任事業会社への適用の可否である。

この点で、有限会社法 19 条 5 項の法文からもその体系的位置づけからも、同条が有限責任事業会社に対しても適用可能であることに対して制限が存することが明らかとされておらず、2008 年有限会社法改正法の公式の理由書においてもこの問題に対する立法者の制限的な言辞が全くないことからしても、有限会社法 5a 条 2 項 2 文の現物出資の禁止は有限責任事業会社への有限会社法 19 条 5 項の適用可能性に何ら相対立するものではないとする見解がある。すなわち、この見解によれば、有限責任事業会社の社員が払い込んだばかりの出資を貸付として再び払い出したとしても、彼は債務法上の貸付債権という形で隠れた現物出資をなしたわけではない、というのは、そのような債権はそれだけで (per se) 現物出資能力を有するものではないからである、現物出資とはならないことで有限会社法 5a 条 2 項 2 文の現物出資の禁止はこの場合にあてはまらず[48]、払込の払戻しの場合、有限会社法 5a 条 2 項 1 文による即刻且つ全額の現物出資の給付の責任違反も存しないとして、有限会社法 19 条 5 項は有

---

46) Stellungsnahme des Bundesrates, BT-Drucks, 16/6140, Anlage 2, S. 158. では、連邦参議院の見解として、全額をカヴァーしている場合のみが出資義務の免除に結び付くとするいわゆる "Alles-oder-Nichts-Prinzip" によるべきではないとの趣旨から、"wenn" という用語ではなく "soweit" という用語を用いるべきとしていたが、結局、立法者はこれに従わなかったと指摘されている (Wälzholz, Das MoMiG kommt : Ein Überblick über die neuen Regelungen, GmbHR 2008, S. 841, 845.)。

47) Michalski, a. a. O. (Fn. 8), S. 1439 (Rdn. 185) (Ebbing).

48) Lutter/Hommelhoff, a. a. O. (Fn. 14), S. 607 (Rdn. 97) (Bayer).

限責任事業会社に制限なく適用することができるとする[49]。

これに対して、有限会社法 19 条 5 項の有限責任事業会社への適用について消極的な見解が存する。この見解によれば、例え全額に見合う価値を有する返還請求権が存在し、見返り保証がなされていたとしても、そのことは有限会社法 5a 条 2 項の全額払込の要請とは相容れるものとはならず[50]、その限りで、有限会社法 5a 条 2 項は特別法として、同法 19 条 5 項を排除し、出資者によって付加的に給付された差額は、出資債務に算入されないものとされる[51]。

V　結びに代えて

1　通常の有限会社に関する規定の適用の可否

まず、これまで論じてきたことから明らかになったことを確認したい。すなわち、有限責任事業会社は法形式として有限会社であり、有限責任事業会社に関する有限会社法 5a 条が、通常の有限会社に関する有限会社法の特則として位置づけられている以上、有限会社法 5a 条で律せられている規律以外は、通常の有限会社に係る法規定が適用されるとされている。これに対して、部分的にではあるが、通常の有限会社に係る法規定を有限責任事業会社に適用することにより、却って新設された有限責任事業会社制度の趣旨に反するないしその制度の運用を阻害することとなるような結果が導き出されることが、既に文献上指摘されている。本章との関係では、前記Ⅳ 3 で論じた有限会社法 19 条 5 項の有限責任事業会社への適用の問題が掲げられる。この点は、今後の学説・判例の展開を注意深く見詰めてゆく必要がある。この点について、あえて私見を述べれば、確かに有限責任事業会社に関する有限会社法 5a 条が、通常の有限会社に関する有限会社法の特則である以上、有限会社法 5a 条で律せられて

---

49)　Michalski, a. a. O. (Fn. 8), S. 804 (Rdn. 50) (Miras). 結果同旨、Lutter/Hommelhoff, a. a. O. (Fn. 14), S. 237 (Rdn. 8) (Lutter).

50)　Weber, Die Unternehmergesellschaft (haftungsbeschränkt), BB 2009, S. 842, 845.

51)　Ensthaler/Füller/Schmidt, a. a. O. (Fn. 3), S. 104 (Rdn. 8) (Füller).

いる規律以外は、通常の有限会社に係る法規定が適用されるとの前提に立つ限り、有限会社法19条5項の有限責任事業会社への適用を肯定するという方向性は理解できる。しかし、通常の有限会社と有限責任事業会社との資本確保に関する姿勢が異ならざるを得ない以上、単純に前記条項の適用を肯定することはできない。すなわち、通常の有限会社は25,000ユーロの最低資本金を設定することを出発点として、資本確保に関する規制を設けているのに対し、有限責任事業会社の場合には、1ユーロの基本資本を設定することも法律上可能とされており、そのことを前提として、現物出資規制が排除され、金銭出資の全額払込みを要請しているのである。有限責任事業会社にとっては、現実の金銭出資の確保が重視されているものと言えよう。それ故、有限会社法19条5項と同5a条2項1文とは相容れないものと解され、有限会社法19条5項の有限責任事業会社への適用について消極的とならざるを得ない。

2　有限責任事業会社に関する規定に関わる問題

　これと並んで、有限責任事業会社に関する有限会社法5a条の規律自体についても、幾つかの問題点が指摘されている。本章との関係では、有限責任事業会社の法形式の付加語として、選択可能な標識が「Unternehmergesellschaft (haftungsbeschränkt)」または「UG (haftungsbeschränkt)」のいずれかであることに関し、より適切な標識を求める意見があることが一例として掲げられよう（前記II注6）参照）。ただ、この点は立法論を含むものであり、現時点で決着がつくわけではない。

　この点で付言すれば、なるほど2008年有限会社法改正法の立法者は、当初の方針であった最低資本金の相対的引き下げという方策[52]を捨て、有限責任事業会社という新たな制度の創設によって事実上最低資本金の撤廃と同様の結果をもたらす方策を選択した積極的な姿勢には、一定の評価を与えることができ

---

52)　有限会社法改正法の立法者は、改正法の草案段階では、25,000ユーロから10,000ユーロへの基本資本の縮減を計画していた（政府草案5条）(Reg-Begr., MoMiG, BT-Drs. 16/6140 S. 2.)（前記【第1章—補助】I参照のこと）。

るかもしれない。ただ、ドイツ法では、通常の有限会社については依然として最低資本金制度が維持されており、有限責任事業会社についても、第1章でも言及しているが[53]、実際上、1ユーロ有限責任事業会社は、確実な自己資本のバッファ無き限り、直ちに債務超過となる虞れが存する以上[54]、ビジネスパートナーに向けて負のシグナルを送っていることになり好ましい存在ではないという指摘もなされており[55]、実際の調査結果としても、大部分の有限責任事業会社は、1ユーロを超える基本資本を伴って設立されていると指摘されている[56]。

以上のことからすれば、取引相手ないし債権者保護のために最低資本金制度が一定の機能を担っていることを前提に、従来の有限会社に関する法規制との整合性を巡る解釈論や制度の運用を考慮しつつ、有限責任事業会社制度の実効性を促すような解釈・立法論を展開することが望ましい。この点で、前記注10）の通り、法形式の付加語に関し「Gesellschaft mit beschränkter Haftung ohne Mindeststammkapital」または「GmbH（o. M.）」という代替案を提出していた連邦参議院は、付加語とは、問題とされているのは新たな法形式ではなく一定の最低資本金を伴わずに設立された会社であることが判るようなものでなければならないし、完全な有限会社の中間段階（Durchgangsstadium）にあるものが形成されていることを前提に[57]考慮を進めていたことを想起すべきであろう。ただ、2008年有限会社法改正法の立法者が、有限責任事業会社を「最低

---

53) 丸山、前掲注4）800頁（第1章Ⅲ1(2)）。
54) ただし、実際には「金融市場安定化法（Gesetz zur Umsetzung eines Maßnahmenpakets zur Stabilisierung des Finanzmarktes (Finanzmarktstabilisierungsgesetz − FMStG)）5条の改正（2011・1・1発効）により当該会社が改正前の規定を適用されるか否かによって、債務超過による支払不能手続開始となる可能性が異なる場合が生ずる(Müller, Der Überschuldungsstatus im Lichte der neueren Gesetzgebung, in FS f. Uwe Hüffer, S. 701. 704 ff.)。
55) Michalski, a. a. O. (Fn. 8), S. 796 (Rdn. 20) (Miras).
56) Bayer/Hoffmann, Die Unternehmergesellschaft (haftungsbeschränkt) des MoMiG zum 1. 1. 2009-eine erste Bilanz, GmbHR 3/2009 S. 124 f.
57) Stellungsnahme des Bundesrates, BT-Drs. 16/6140 S. 150.

基本資本額を下回る基本資本をもって（mit einem Stammkapital）設立される会社」として位置づけていること、すなわち、1ユーロでも最低基本資本であって、有限責任事業会社制度の創設によって、最低基本資本制度を撤廃したのではないとも解されるのであれば[58]、「ohne Mindeststammkapital」という表示を用いる方が、公衆にとってより適切な標識となるとしても、立法者から見て、その標識は通常の有限会社の最低資本がないということを示す標識として理解したことになるのか、それとも、それ以上に、最低基本資本がないということを立法者自身が認めたことになるのかが問題とされることになるかもしれない。いずれにせよ、さらなる議論の継続が望ましい。

3 従来の法状況への影響

本章で論じたことからさらに指摘したいことは、通常の有限会社についてこれまで論じられてきた法律問題が、新たな有限責任事業会社の出現によって何らかの影響を受けるのではないかという点である。この点で、本章の対象とした設立段階に限ってみても、次のような状況を認めることができよう。すなわち、前記Ⅳ1で述べたように、有限会社の設立に際して、有限会社法2条1a項による「ひな形書式」を使うことによって、従来よりもかなり短期間で有限会社を成立させることができるようになるということが指摘されている。勿論、このような簡易な設立は、有限責任事業会社のみならず、通常の有限会社にも利用可能なものとされている。しかし、この簡易な設立方法を有限責任事業会社の設立に際して利用することで費用面で優遇されるという結果を伴うことから、経費の面で最も節約となり推奨されるのは、この方法を有限責任事業会社の設立に利用することであると指摘されている[59]。近時のデータによれば、

---

58) 丸山、前掲注4）799頁参照。
59) Michalski, a. a. O. (Fn. 8), S. 793 (Rdn. 9) (Miras) によれば、内部関係に関する規制がないため複数人による設立のためには「ひな形書式」は推奨できない一方、一人有限責任事業会社にとってひな形書式は内容的にも足りており、費用法の観点においても少なくとも14,000ユーロの最低資本額に達するまでは自由な形式の定款

2010 年 11 月 1 日現在で、41,014 社の有限責任事業会社が登記されているが[60]、その多くが簡易な設立方法を利用しているものと推測される。また、一人設立に際して要求されていた旧有限会社法 7 条 3 項 3 文に基づく出資なき部分の一人社員による保証も求められなくなったことから、登記申請に際して保証書の提出も不要とされ、その部分の審査に掛かる時間も要せず、迅速な手続きの進行が可能となっていることも無視し得ない。

　それでは、このような事実状況が従来の法状況にどのような影響を及ぼすものと考えられるのか。上記のように、有限責任事業会社の設立に際して、簡易な手続きが選択され、迅速に会社の成立に至るということは、従来に比べて、前記Ⅲで示した会社の成立に至る過程のうち、とりわけ設定、すなわち有限会社の場合の会社契約の確定、から法人としての成立、すなわち有限会社の場合の商業登記簿への登記、までの手続きが時間的に少なからず短縮されることを意味している。とりわけ、一人設立として、有限責任事業会社が設立される場合はなおさらである。このことが意味することは、以上の設定から成立までの間に存するものとされる「設立中の会社」の存続期間もかなり短縮されることになるということである。周知の通り「設立中の会社」の存在意味は、「設立中の会社」がその存続段階でなされた法律行為に基づく権利義務の実質的主体となることで、会社の成立によって、権利義務が成立後の会社に自動的に移転するという結果をもたらすことにある[61]。「設立中の会社」に関するこれまでの議論の背景として考えられるのは、会社の設定から成立までの期間が長くかかったことによって、その間になされたさまざまな法律行為およびそれに基づく法律関係をどのように処理してゆけばよいかという考慮のもと、その処理のた

　　　よりも費用上得であるとする。
60) http://www.rewi.uni-jena.de/Forschungsprojekt+Unternehmergesellschaft_ p_15120-path-88632.html、制度導入直後の 2008 年 11 月 1 日から 2009 年 1 月 11 日までのほんの 2 ヵ月間で既に 1000 社以上の有限責任事業会社が商業登記簿に登記されていたが (Bayer/Hoffmann, a. a. O. (Fn. 56), S. 124.)、この数字はそれ以降も引き続き増加している。
61) 丸山、前掲注 10) 21 頁。いわゆる「同一性説 (Identitätstheorie)」の立場による。

めの道具として「設立中の会社」という概念を持ち出さざるを得なかったという状況である。このことからすれば、有限責任事業会社の設立に際して見受けられる新たな状況の下では、従来とは異なり、設定から成立までの法律関係の処理のために「設立中の会社」という概念を持ち出す必然性は従来よりも相対的に少なくなっていると評価することができよう。ただ、以上の理は、幾つかの仮定条件を組み合わせたものにしかすぎない。一人会社としての有限責任事業会社の設立以外の場面では、依然として従前の状況が存することから、複数の社員が参加する通常の有限会社について見れば、「設立中の会社」という概念は従来通り維持されていると言うことができる。勿論、有限責任事業会社の設立に際して見受けられる新たな状況の下でも、何らかの法律行為がなされる可能性はあるので、前記の意味で「設立中の会社」という概念が考慮される必要がなくなったわけではない。

　そもそも「設立中の会社」という概念を法律関係の処理のための道具概念と見るのではなく、成立後の会社と実体的に同一の組織が会社の成立前にも存していることを法的にも明らかにするための実質を伴った概念であると考えるのであれば[62]、一人会社としての有限責任事業会社の設立の場面でも、その意味における「設立中の会社」の存在を認めることができるものと思われる[63]。そのことを前提として、通常の有限会社の一人設立における「設立中の会社」の法的性質論を考慮したうえで[64]、それを有限責任事業会社の「設立中の会社」に当てはめてゆくことになる。この点で、注意しなければならないのは、複数人による設立と単独の原始社員による設立、すなわち一人設立との区別であ

---

[62] すなわち、会社の登記申請がなされる直前の段階においては、登記が受理されれば、法人としての会社となる組織が事実上存在していることを、法的にも積極的に評価するとの法解釈に基づく。

[63] これに対して、一人設立の場面では、「設立前組合」は存しないものとされている（Gersch/Herget/Marsch/Stützle, GmbH-Reform 1980, Forkel-Verlag 1980, S. 68 (Rn. 134)）。

[64] 丸山秀平「西ドイツ有限会社法における一人設立制度の問題性」中央大学百周年記念論文集（法学部）（1985、中央大学）435頁以下参照。

る。従来の文献においては、一人設立と複数人による設立とを区別することなく、一人設立の場合にも一人会社としての「設立中の会社」が存在するとする見解が存する一方、一人設立の場合には「設立中の会社」は存在せず、設立段階で生じた権利義務は原始社員の個人的な法律関係の中に組み込まれてしまうとの見解も主張されていた[65]。

　この点で、私見によれば、そのような実質概念としての「設立中の会社」は、一人設立の場合、特別財産（Sondervermögen）としての実体関係であると解され[66]、一人会社の設立の段階では、実質概念としての特別財産とその担い手としての原始社員が存在し、その特別財産が成立後の会社財産として引き継がれてゆくものと考えることとなる。この限りで、私見は、一人設立の場合には従来の意味における「設立中の会社」は存在しないとの見解に与することになろう。もっとも、この見解では、社員の個人財産と会社財産とを峻別し、設立段階における特別財産としての会社資本を将来の会社のために確実に確保すべき要請がとりわけ重視されなければならない。この点で、現段階における有限会社法の法規制をみると、一人設立の場合に、複数人による設立に関する有限会社法24条が適用されないことに加え、前記Ⅳ1で論じたように、旧有限会社法7条3項3文が削除されたことも相まって、むしろ資本確保の要請は弱まっているように思われる。この点でとりわけ、有限責任事業会社について、前記Ⅳ2で論じたように、有限会社法5a条2項の全額払込の要請を重視したうえ、通常の有限会社に関する有限会社法8条2項による保証を有限責任事業会社についても肯定することが必要とされよう。

65）　丸山、前掲注64）442頁以下参照、Gersch/Herget/Marsch/Stützle, a. a. O. (Fn. 63), S. 70 ff. (Rn. 139-142).
66）　丸山秀平・株式会社法概論（四訂版）（2003、中央経済社）、78頁。

第3章
有限責任事業会社に対する現物出資禁止規制の適用限界

I　はじめに

　本章では、有限責任事業会社（Unternehmergesellschaft）[1]の設立に際して適用されるドイツ有限会社法5a条2項2文による現物出資禁止規制に関して、同規制の適用限界を明らかにするものとしてドイツ連邦最高裁民事第二部から相次いで出された2つの決定[2]を紹介することとしたい[3]。

---

1) 有限責任事業会社制度の導入に関しては、丸山秀平「ドイツにおける有限責任事業会社制度の創設とその評価」日本比較法研究所60周年記念論文集（2011、日本比較法研究所）795頁以下（本書第1章）、また、設立に関する法規制に関しては、同「有限責任事業会社の設立」龍谷法学43巻4号339頁以下（本書第2章）を参照されたい。
2) Beschluss des BGH vom 11. 04. 2011 (AZ: II ZB 9/10; FS: NJW 2011, 1883), Beschluss des BGH vom 19. 04. 2011 (AZ: II ZB 25/10; FS: BGHZ 189, 254-261; NJW 2011, 1881).
3) 本章に係る関連文献として、Axel Berninger, Aufstieg der UG (haftungsbeschränkt) zur vollwertigen GmbH – Zugleich Besprechung der Beschlüsse des BGH vom 11. 04. 2011 – II ZB 9/10 und vom 19. 04. 2011 – II ZB 25/10, GmbHR 2011, 953; Jan Lieder, Thomas Hoffmann, Zwei auf einen Streich: BGH klärt wichtige Streitfragen zu UG-Kapitalerhöhungen, GmbHR 2011, R193.

II　ドイツ有限会社法 5a 条 2 項 2 文による現物出資禁止規制

　有限責任事業会社の設立に際しては、金銭出資のみが認められており、現物出資は認められていない（有限会社法 5a 条 2 項 2 文）。その理由として掲げられていることは、通常の有限会社の場合（有限会社法 5 条 2 項）とは異なり、有限責任事業会社において現物出資が禁止されているのは、有限会社が創業時に一定の資金を必要としており、それが発起人によって最低資本金として選択され、現金で払い込まれなければならないことから、現物出資の必要はないし、従って認められないということである[4]。この点は、後記VIの決定の理由においても言及されているところである（後記VI 2 III 3 b）（欄外番号⑮））。

III　現物出資禁止規制と資本増加

　有限会社法 5a 条 2 項 2 文は、有限責任事業会社の設立の場合の規定であるが、有限責任事業会社の設立後の資本増加についても同条が類推されるか否かについては、有限責任事業会社の制度導入に係る法改正がなされた当初から問題となっていた。これまで、この点については、資本増加の結果、有限責任事業会社が通常の有限会社とならない限り、つまり、資本増加後も当該会社が有限責任事業会社として留まっている限りにおいて、同条の適用を肯定するとの見解が支配的であったと言えよう[5]。これと裏腹の関係で、最低資本金額に達す

---

[4]　2007 年 5 月 23 日「有限会社法改正法政府草案（Entwurf eines Gesetzes zur Modernisierung des GmbH-Rechts und zur Bekämpfung von Missbrauchen (MoMiG))」に係る「理由書（Begründung (Reg-Begr., MoMiG))」(BT-Drs. 16/6140 32.)。

[5]　Freitag/Riemenschneider, DieUnternehmergesellschaft- "GmbH light"als Konkurrenz für die Limited?, ZIP 2007, 1485, 1486 ; Wicke, GmbHG Kommentar, § 5a Rn. 7 ; Klose, Die Stammkapitalerhöhung bei der Unternehmergesellschaft (haftungsbeschränkt), GmbHR 2009, 294, 298, Füller in Ensthaler/Füller/Schmidt, Kommentar

る資本増加またはそれを超えた額への資本増加がなされる場合、有限会社法 5a 条 2 項 2 文の適用が排除されるかについて、連邦最高裁民事第二部 2011 年 4 月 19 日決定は、最低資本の限度に達する資本増加には同条の適用はないとする立場をとることを明らかにしている。本章では、後記Ⅴで、同決定を紹介したい。

Ⅳ 会社分割と現物出資禁止規制

　前記の通り、有限会社法 5a 条 2 項 2 文は、有限責任事業会社の設立の場合の規定であるが、この設立とは、通常の有限会社の新規設立の方法に拠ることを前提としているので、それ以外の方法で有限責任事業会社が新規に設立される場合に、前記規定に係る現物出資禁止規制が適用されるか否かが問題とされていた。この点で、学説においては、組織変更（Umwanderung）の方法で財産移転を内容とする有限責任事業会社の新規設立は、前記規制との関係で認められないとする見解が圧倒的多数であった[6]。

　連邦最高裁民事第二部 2011 年 4 月 11 日決定は、前記見解と同様の立場をとることを明らかにしている。本章では、後記Ⅵで、同決定を紹介したい。

Ⅴ 連邦最高裁民事第二部 2011 年 4 月 19 日決定

　以下に、連邦最高裁民事第二部 2011 年 4 月 19 日決定（以下「4 月 19 日決定」とする。）の主文および決定理由を、注記も含めて原文通り紹介したい[7]。

---

　　zum GmbH-Gesetz, 2. Aufl., § 5a Rn. 10 ; Minras in Michalski, GmbH-Gesetz Bd. 1, § 5a Rn. 37 ; Lutter in Lutter/Hommelhoff, GmbH – Gesetz 17Aufl., 238 Rn. 12. その他の文献は、本文Ⅴ 2 (3)（欄外番号⑪）を参照のこと。
6)　Minras in Michalski, GmbH-Gesetz Bd. 1, § 5a Rn. 13 によれば、組織変更の方法による有限責任事業会社の成立は、有限会社法 5a 条 2 項 2 文の現物出資の禁止に基づきそれ自体として（自ずから）（per se）排除されているとされる。その他の文献は、本文Ⅵ⑬を参照のこと。
7)　本文で紹介する連邦最高裁の決定の原文にもともと欄外番号として注記されてい

1　主　　　文

申立人の再抗告（Rechtsbeschwerde）に基づき2010年11月12日のハンブルク上級裁判所民事11部の決定[8]および2010年8月17日のハンブルク区裁判所（登記裁判所）の決定は破棄される。

登記裁判所は、2010年3月16日の申立人の登記申請（Anmeldung）に関し当部の法的見解を顧慮し新たに判断すべきものとされる。

事業価格（Geschäftswert）[9]は24,500ユーロに確定される。

2　理　　　由

(1)

① 申立人は500ユーロの基本資本を有する有限責任事業会社として商業登記簿へ登記されている。同社の単独社員は、2010年3月16日、24,500ユーロの資本増加を決定した。増加される資本は、同単独社員の他社への出資持分を移行させる形での現物出資の給付によるべきものとされた。

② 登記裁判所は、有限責任事業会社の場合当該会社が25,000ユーロの基本資本額を自由にできない限り、現物出資は認められていないとの理由で資本増加の前記申請を拒んだ。

③ 申請人の抗告は認められなかった。これに対して、申請人は、抗告裁判所によって認められた再抗告へと転じた。

(2)

④ 抗告裁判所は前記（欄外番号③）の決定の理由について以下のように述べていた。

たものは、筆者による脚注の表記（1・2・3……）とは区別して、原文通り、本文中の①・②……で通し番号として表記していることをお断りしたい。
8) OLG Hamburg, Beschl. v. 12. 11. 2010 - 11 W 78/10, BeckRS 2011, 13174.
9) 通常、会社ののれんを含めた事業全体の価値を意味するものが、本件では、現物出資価格に相応するものと解される。

⑤　有限会社法 5a 条 2 項 2 文の現物出資の禁止は、資本増加も含むものである。この禁止がなくなるのは、当該会社がその基本資本を、それが有限会社の最低資本金額に達するかそれを超えるように有効に増加した場合である。有限会社法 5a 条 5 項の法文によれば、適用されるべき規定の交替の基準となる時点は有効な資本増加の時点であることは明らかである。さらに、資本増加が有効となるために必要なのは、社員による決議のみならず、商業登記簿への登記（Eintragung）でもある。勿論、登記ができるのは、新たな基本資本への出資がなされてからである。それまでは、有限責任事業会社は、有限会社法 5a 条の規定に服しており、現物出資による資本増加は考慮されない。立法理由書も、目的論的な還元の方法で現物出資の禁止の目的を顧慮すれば修正すべきことはないとの解釈を支持している。

(3)

⑥　再抗告は以下のように理由付けられ、認容される。

⑦　家事事件・非訟事件手続法改正法（Gesetz zur Reform des Verfahrens in Familiensachen und in den Angelegenheiten der freiwilligen Gerichtsbarkeit；FGG-RG）[10]111 条 1 項 1 文により、2009 年 9 月 1 日以降適用される手続法が本件手続きに適用されなければならない。なぜなら、本件手続きを導いた申請は登記裁判所に上記時点以後になされていたからである[11]。再抗告は、家事事件・非訟事件手続法（Gesetz über das Verfahren in Familiensachen und in den Angelegenheiten der freiwilligen Gerichtsbarkeit；FamFG）[12]70 条 1 項によっても許容されるし、それ以外でも認容されるものである。

⑧　再抗告は本案においては成功している。上級地方裁判所は、登記裁判所

---

10)　G. v. 17. 12. 2008 BGBl. I S. 2586 (Nr. 61)；zuletzt geändert durch Artikel 8 G. v. 30.7. 2009 BGBl. I S. 2449；Geltung ab 1. 9. 2009, abweichend siehe Artikel 112.

11)　家事事件・非訟事件手続法改正法 111 条 1 項 1 文は「本改正法の発効までに開始されていたか若しくはその開始の申請がなされていた手続きに対しては、本改正法の発効以前に妥当していた規定が適用されるべきである」と規定している。

12)　BGBl. I S. 2586, 2587；BGBl. I S. 3044.

の申し立てた決定に対する申立人の抗告を不当にも退けている。25,000 ユーロへの資本増加の申請は有限会社法 5a 条 2 項 2 文の現物出資の禁止に言及し退けられてはならない。

⑨ a) 通常の有限会社の 25,000 ユーロという基本資本額（有限会社法 5 条 1 項）に達する有限責任事業会社の基本資本の増加の場合にも有限会社法 5a 条 2 項 2 文の現物出資の禁止が排除されるか否かは、判例、学説で争われている。

⑩ aa) 有限会社法 5a 条 2 項 2 文の現物出資の禁止は（いずれにせよ）有限責任事業会社の設立のみに適用され、現物出資による資本増加は可能であるとする見解が僅かながら主張されている（Hennrichs, NZG 2009, 1161, 1162 ; Paura in Ulmer, GmbHG, § 5a Rn. 49, 66 ; Spies, Unternehmergesellschaft [haftungsbeschränkt], 2010, S. 159 f. ; wohl auch Leistikow, Das neue GmbH-Recht, 2009, § 4 Rn. 13）。

⑪ bb) 圧倒的多数の見解により、なるほど、有限会社法 5a 条 2 項 2 文の現物出資の禁止を有限責任事業会社の資本増加に少なくとも準用することから出発している他の文献は、しかし、その禁止はもはや通常の有限会社への移行を生ぜしめる資本増加には妥当しないということを主張している（Füller in Ensthaler/Füller/Schmidt, GmbHG, 2. Aufl., § 5a Rn. 10 ; Miras, Die neue Unternehmergesellschaft, 2. Aufl., Rn. 162 ff. ; Miras in Michalski, GmbHG, 2. Aufl., § 5a Rn. 111 ; Rieder in MünchKomm-GmbHG, § 5a Rn. 42 ; Roth in Roth/Altmeppen, GmbHG, 6. Aufl., § 5a Rn. 26 ; Schäferin Henssler/Strohn, Gesellschaftsrecht, § 5a GmbHG Rn. 17 ; Schäfer, ZIP 2011, 53, 56 ; H. P. Westermann in Scholz, GmbHG, 10. Aufl., § 5a Rn. 18 ; Wicke, GmbHG, § 5a Rn. 7 ; Berninger, GmbHR 2010, 63, 65 f. ; Freitag/Riemenschneider, ZIP 2007, 1485, 1491 ; Gasteyer, NZG2009, 1364, 1367 ; Heinemann, NZG 2008, 820, 821 ; Klose, GmbHR 2009, 294, 295 f. ; Lange, NJW 2010, 3686, 3687 f. ; Meister, NZG 2008, 767 f. ; Priester, ZIP 2010, 2182, 2184 ; Schreiber, DZWiR 2009, 492, 496 f. ; Waldenberger/Sieber, GmbHR 2009, 114, 119）。

⑫　cc)　抗告裁判所に従う反対説は、有限責任事業会社の場合、現物出資の給付は 25,000 ユーロの最低資本の限度に達する基本資本の登記申請がなされた時点から認められ、従って、通常の有限会社への移行に達する資本増加を現物出資によって行うことはできないとしている（OLG München, ZIP 2010, 1991, 1992 ; Fastrich in Baumbach/Hueck, GmbHG, 19. Aufl., § 5a Rn. 33 ; Pfisterer in Saenger/Inhester, GmbHG, § 5a Rn. 26 ; Vogt in Beck'sches Handbuch-der GmbH, 4. Aufl., § 18 Rn. 37 f. ; Wachter in Goette/Habersack, Das MoMiG in Wissenschaftund Praxis, 2009, Rn. 1. 112 ; Bayer/Hoffmann/Lieder, GmbHR 2010, 9, 12 ; Gehrlein, Der Konzern 2007, 771, 779 ; Heckschen, DStR 2009, 166, 170 f. ; Seibert, GmbHR 2007, 673, 676 ; Tamm, MDR 2010, 1025, 1026）。

⑬　b)　有限会社法 5a 条 2 項 2 文および同 5 条の規定は、その意義および目的によれば、現物出資の禁止は同 5 条 1 項の最低資本の限度に達する資本増加には適用されないと解される。

⑭　aa)　有限会社法 5a 条 2 項 2 文は、有限責任事業会社の設立に限って適用されるものではない。そのような限定は同規定の法文からもその体系的な関連からも明らかではない。それどころか有限会社法 5a 条 5 項[13]の規制は、現物出資の禁止が原則として有限責任事業会社の設立後の資本増加にも妥当することに賛している。そうでなければ 5 項における 2 項への（全体的）指示は余計なことになってしまう（Meister, NZG 2008, 767, 767 f.）。それと反対であるとの立法者の意思を見てとることはできない。とりわけ、立法資料からは明らかではない（vgl. BT-Drucks. 16/6140 S. 32）。

⑮　bb)　それでも、有限会社法 5a 条 5 項の前段（Halbsatz）によれば同条 1 項から 4 項までは、有限責任事業会社がその基本資本を有限会社法 5 条 1 項の最低資本金額に達するかそれを超えるように増加する場合にはもはや

---

13)　有限会社法 5a 条 5 項は「会社がその基本資本を有限会社法 5 条 1 項による最低資本金額に達するかまたはそれを超える額に増加する場合、（5a 条）1 項から 4 項まではもはや適用されない。1 項による商号は維持されたままにすることができる。」と規定している。

適用されない。

⑯　抗告裁判所の見解とは異なり、有限会社法5a条1項から4項の有限責任事業会社に妥当する特別規定は、少なくとも25,000ユーロの基本資本が金銭で払い込まれ、商業登記簿に登記されたときに初めて適用されなくなるということは、上記の規定の法文からは引き出せない。それどころか「達する（erreicht）」という言語表現は、特別規定は最低資本の限度に達する資本増加に既に適用すべきではないとの解釈も許容し得るものである（Klose, GmbHR 2010, 1212 ; Miras, DB 2010, 2488, 2491 ; Priester, ZIP 2010, 2182, 2184 ; Lange, NJW2010, 3686, 3687 ; Schreiber, DZWiR 2009, 492, 496 f）。

⑰　有限会社法5a条5項により最低資本に達する資本増加が、同条1項から4項の特別規定全部が適用できないことになるという状況もまた上記の限度に達する資本増加が現物出資によっても可能とされるという解釈と相反するものではない。有限会社法5a条5項に対する政府草案の理由書によれば、同条3項による法定準備金の積立義務は、会社が有限会社法5条1項による最低資本金額の登記申請がされた基本資本が存しない限度で勿論適用されるべきである（Regierungsentwurf zum MoMiG, BT-Drucks. 16/6140, S. 32）。そこでこの点に関してさらに詳説すれば、1項から4項までの適用可能性が失われるのは、会社が会社財産による資本増加をするに足る自己の財産を有しており、当該会社がそのような資本増加を行うかまたは社員の出資による資本増加を行い、そのことによって結果的に有限会社法5条1項の最低資本の要求が充たされる場合である。以上の説明は、多分、有限会社法5a条1項から4項までの適用可能性は、政府草案の理由書に依拠する観念では、有限会社法5条1項による最低資本金額への資本増加が増加した基本資本が登記されるというやり方で実施された場合に初めて失われるというように理解することができよう。他方、問題になるのは、増加した基本資本の登記によって単に付随的にまた有限会社法5a条3項の積立義務との関係においてのみであって、有限会社法5a条5項の表現によって抗告裁判所が主張した見解の意味での本件で評価されるべき事案

形成が規律さるべきとは何も言っていない。

⑱ 現物出資の禁止は、有限会社法5条1項による最低資本の限度に達する資本増加に対して既に適用されないとの解釈は、有限会社法5a条2項2文の意義および目的から提示されている。2項2文の特別規定を通常の有限会社への移行を生じる資本増加に適用することは、現物出資の給付が可能な（有限会社法5条4項）通常の有限会社の新規設立に比べて新たな規制の目的に反する方法で有限責任事業会社を害することになる（Klose, GmbHR 2009, 294, 296 ; Füller in Ensthaler/Füller/Schmidt, 2. Aufl., § 5a Rn. 9 ; Heinemann, NZG 2008, 820, 821）。有限責任事業会社と通常の有限会社との体系的に条件付けられた相違はこのような不平等を正当化するものではない（so aber OLG München, ZIP 2010, 1991, 1992 ; Fastrich in Baumbach/Hueck, GmbHG, 19. Aufl., § 5a Rn. 33 ; Heckschen, DStR 2009, 166, 170）。

⑲ 25,000ユーロ（あるいはそれ以上）の金額への資本増加に対する現物出資の禁止の適用に反対してとりわけ言われることは、有限責任事業会社の通常の有限会社への移行が法律の体系に相応しているというものである（Miras, Die neue Unternehmergesellschaft, 2. Aufl., Rn. 164c ; Miras in Michalski, GmbHG, 2. Aufl, § 5a Rn. 111 ; Joost, ZIP 2007, 2242, 2245 ; Gasteyer, NZG 2009, 1364, 1366 ; vgl. auch Stellungnahme des Handelsrechtsausschusses des DAV Nr. 43/07 vom 5. September 2007, Rn. 15 ; aA Spies, Unternehmergesellschaft [haftungsbeschränkt], 2010, S. 212 ff.）。有限会社法5a条3項による準備金の積立義務によって保証されるのは、有限責任事業会社がまず第一に「存在する発起人」とされる有限会社形式として数年以内に内部留保によってより高度な自己資本装備に達するということである（BT-Drucks. 16/6140, S. 31 f.）。準備金は原則として（明らかにまず以て）会社財産による基本資本の増加に使用されるべきである（有限会社法5条3項2文1号、57c条）。それ故うまく利益をあげて活動している有限責任事業会社は、法体系上典型的に通常の有限会社へと移行すべきである。以上の目標付けは正当な事由なく前記の移行を阻害することと相対することになる。

⑳ 25,000 ユーロという額への有限責任事業会社の基本資本の増加を現物出資の給付によって行うことに反対する正当な事由は存しない。抗告裁判所の見解とは相反して社員が単独で事実上の出資の提供（調達）と無関係に資本増加の決議をすることによって有限責任事業会社に対して適用される制限を潜脱する危険は存しない。現物出資による通常の有限会社の最低資本（有限会社法5条1項）への有限責任事業会社の基本資本の増加の許容は完全な価値を有する有限会社への移行が（法律上の要件（有限会社法56条以下）を充足することに拠る）商業登記簿への資本増加の登記によって初めて有効になるという点で異なるところはない（Miras, Die neue Unternehmergesellschaft, 2. Aufl., Rn. 170)。この結果、前記登記の時点までは有限責任事業会社に対する特別規定（有限会社法5a条1～4項）は、その他の点では適用されるということになる。

㉑ 現物出資の禁止が手続きの簡易化（Verfahrensvereinfachung）に役立つ限りで、このことは現物出資の必要性がない有限責任事業会社の設立段階にのみ該当する。なぜならば、発起人は全額金銭で払い込むべき基本資本を自由に選べるからである（BT-Drucks. 16/6140, S. 32)。これに対して、資本増加の方法での通常の有限会社へ移行する場合、手続きの簡素化の観点は把握できない。それは、有限会社法5a条3項2文1号による有限責任事業会社の設立後、同57条以下の手続きが定められていることからも見て取ることができる（Miras, DB 2010, 2488, 2491)。

(4)

㉒ 従って申し立てられた決定は破棄されるべきである（家事事件・非訟事件手続法74条5項）。本件は終局判決に適合したものではない。なぜなら、申請された資本増加の登記にとって基準となる事実がこれまで確定していないからである。その確定は登記裁判所によって目的に適って行われるので、本件は登記裁判所に差し戻される（家事事件・非訟事件手続法74条6項2文）。

Ⅵ　連邦最高裁民事第二部 2011 年 4 月 11 日決定

以下、連邦最高裁民事第二部 2011 年 4 月 11 日決定（以下、「4 月 11 日決定」とする。）の主文および決定理由を、前記Ⅴと同様に、注記も含めて原文通り紹介したい。

1　主　　　文

2010 年フランクフルト上級裁判所民事 20 部の決定に対する再抗告は再抗告人の費用負担のもとに棄却される。

2　理　　　由

① 　Ｉ　再抗告人、有限会社（Ａ；筆者補記）は、商業登記簿への有限責任事業会社の登記を求めている。当該有限責任事業会社は、前記有限会社の財産からの分離型分割（Abspaltung）によって新規に設立されるものとされている（組織変更法 123 条 2 項 2 号）[14]。

② 　2009 年 9 月、前記有限会社の取締役は、当該有限責任事業会社の商業登記簿への登記の申請を行った。抗告裁判所の確認したところによれば、当該申請に際して提出されていたものは、分割計画、分割の決議、組織変更法 8 条 2 項、9 条 3 項および 12 条 3 項による放棄宣言（Verzichtserklärungen）[15]、社員名簿、引き受けられる基本出資のリスト、現物出資報告、価

---

[14]　組織変更法 123 条 1 項は、その柱書きにおいて「権利主体（譲渡人たる権利主体）は、自己の財産の一部またはそれ以上を次の目的のため分割することができる。」としたうえ、その目的の 1 つとして、同項 2 号で「自己の財産の一部またはそれ以上をその都度一括してその譲渡によって設立される権利主体に移転することによる新規設立のため」と規定している。

[15]　組織変更法 8 条 2 項、9 条 3 項および 12 条 3 項は、合併に関する規定であるが、同法 125 条により、前記規定は、分割について準用されている。従って、本件においては、検査役による調査は省略されていることが判る。

格維持証明（Werthaltigkeitsbescheinigung）ならびに当該有限責任事業会社の定款であった。

③　上記分割計画 2a）条には、

　　分割によって成立する会社には 1 ユーロに当たる額[16]がＡ社の金庫から引き渡される

と定められている。

④　当該有限責任事業会社の定款 5 条には、最終的に要約すれば、

　　1　当該会社の基本資本は 1 ユーロである。

　　2　Ｂ（筆者補記）は、基本資本について 1 ユーロの基本出資を引き受ける。

　　3　出資は、Ａ社がその財産の一部を分割し、それと引き替えにＡ会社の社員（Ｂ：筆者補記）に 1 ユーロの持分が与えられる。

と定められている。

⑤　登記裁判所は前記登記申請を有限会社法 5a 条 2 項 2 文違反を理由に拒絶した。これに対して抗告裁判所は、同審に対する抗告を棄却し、再抗告を認容した（OLG Frankfurt a. M., ZIP 2010, 1798）。

⑥　Ⅱ　抗告裁判所は、その判断の理由について主として以下のように述べていた。新規設立に向けた分割という組織変更の方法での有限責任事業会社の設立は有限会社法 5a 条 2 項 2 文に根拠を有する現物出資の禁止と相対立している。分割によって新たに設立された会社に際して基本資本の調達は現物出資という形で分割会社（譲渡主体）からの財産の移転によって強制的に行われている。1 ユーロ貨の払込によって財産移転が行われるべ

---

16)　「1 ユーロに当たる額」とは、ユーロ通貨自体でなく、他国通貨で 1 ユーロ分に当たる場合が考慮されている（Vgl. Priester, EwiR 13/2011, S. 419）。確かに、金銭価値としては僅か 1 ユーロであっても、実際に 1 ユーロの通貨以外のものが給付されていれば、それが実際に 1 ユーロの価値があるか否かを確定しなければならなくなる。その限りで、現物出資規制を適用せざるを得ない。実際に、本件では、現物出資報告、価格維持証明が提出されている（Ⅵ 2 1（欄外番号②））。

きであるという点では状況は何ら異なるところはない。なぜなら、現金設立がなされておらず（定款5条3項に定められているように）分割会社（譲渡主体）たる有限会社の財産の一部の分割であるからである。

⑦　Ⅲ　本再抗告は認められない。

⑧　1　本件手続きには2009年9月1日以降適用される家事事件・非訟事件手続法改正法（FGG-RG）111条1項1文によるものである。なぜなら、本件手続きを導いた申請は2009年9月2日に登記裁判所によってなされたからである。再抗告は、家事事件・非訟事件手続法70条1項によっても許容されるし、それ以外でも同法71条により認容されるものである。

⑨　2　再抗告人は抗告適格を有していた。

⑩　家事事件・非訟事件手続法59条2項によれば、決定が申立（Antrag）に基づいてのみ発せられる場合には、抗告をする権利は申立人のみに帰属する。本件では、有限会社の取締役が申請を行っている。というのは、組織変更法137条1項により分割会社（譲渡主体）の代表機関が新たな権利主体のために、新たな権利主体がその本店を有すべき地を管轄する裁判所に登記簿への登記申請をしなければならないからである。その申請は、分割会社（譲渡主体）の本店の登記簿への分割の登記申請と合わせてなされるので（vgl§ 組織変更法130条1項、135条、137条1・2項参照）その創設的効力の故当該申請は（同時に）有限会社の名において行われるのである（家事事件・非訟事件手続法20条2項に関し、BGH, Beschluss vom 24. Oktober 1988 – II ZB 7/88, BGHZ 105, 324, 327 f.；Beschluss vom 16. März 1992 – II ZB 17/91, BGHZ 117, 323, 325参照）。それ故、有限会社は、家事事件・非訟事件手続法59条2項の意味での申立人であった（vgl dazu ferner Schwanna in Semler/Stengel, UmwG, 2. Aufl., § 19 Rn. 12；Unger in Schulte-Bunert/Weinreich, FamFG, 2. Aufl., § 59 Rn. 30；Krafka/Kühn in Krafka/Willer/Kühn, Registerrecht, 8. Aufl., Rn. 2453.）。新たな権利主体の登記簿への分割の登記の拒絶によって申立人は固有権を侵害され、家事事件・非訟事件手続法59条2項の要件とともに充たされなければならない同法59条1項による抗告適格の要件も充足されること

になる（BGH, Beschluss vom 1. März 2011 - II ZB 6/10 Rn. 9, m. w. N）。

⑪　3　登記裁判所は、当該申請を有限会社法 9c 条 1 項により正当にも拒絶した。というのは、当該有限責任事業会社は手続きに適って設定されていなかったからである。分割による有限責任事業会社の新規設立は、有限会社法 5a 条 2 項 2 文の現物出資の禁止に反する。

⑫　a）　分割計画に拠れば、再抗告人の財産から 1 ユーロに当たる額（ein Betrag）が分割され、新規設立のため当該有限責任事業会社に移転されるべきものとされている。権利主体の財産の一部を分割し、当該部分を有限責任を伴った会社の新規設立のために当該会社に移転することは法律的な観念に従えば有限会社法 5 条 4 項の意味における現物設立とならざるを得ない。このことは、とりわけ、組織変更法 138 条に拠れば有限責任を伴った会社の設立の下での分割に際しては常に価額証明書を含む現物出資報告（有限会社法 8 条 1 項 5 号）が必要とされているという点からも明らかである。

⑬　b）　前記のことは有限会社の法形式の変形としての有限責任事業会社に対しても同じく妥当する。それ故、組織変更法 135 条 2 項 1 文が適用される有限会社法 5a 条 2 項 2 文に規定されている現物出資の禁止から有限責任事業会社は、組織変更法 123 条 2 項 2 文による他の権利主体からの分割によっては新たに設立され得ないということになる（学説における圧倒的多数の見解、vgl. Teichmann in Lutter/Winter, UmwG, 4. Aufl., § 124 Rn. 2；Priester in Lutter/Winter, UmwG, 4. Aufl., § 138 Rn. 3；Gündel in Keßler/Kühnberger, UmwG, 2009, § 138 Rn. 6；Klumpp in HK-UmwG, § 136 Rn. 9；Heckschen in Widmann/Mayer, UmwG, Stand: September 2008, § 1Rn. 48. 10；ders., Das MoMiG in der notariellen Praxis, 2009, Rn. 228, 243；MünchKomm-GmbHG/Rieder, 2010, § 5a Rn. 52；Schäfer in Bork/Schäfer, GmbHG, 2010, § 5a Rn. 39；Fastrich in Baumbach/Hueck, GmbHG, 19. Aufl., § 5a Rn. 17；Michalski/Miras, GmbHG, 2. Aufl., § 5a Rn. 13；Roth in Roth/Altmeppen, GmbHG, 6. Aufl., § 5a Rn. 30；Wicke, GmbHG, 2008, § 5a Rn. 17；Riemenschneider/Freitag in Priester/Mayer, Münchener Handbuch des

Gesellschaftsrechts, Bd. 3, 2009, §8a Rn. 15 ; Vogt in Müller/Winkeljohann, Beck'sches Handbuch der GmbH, 2009, §18 Rn. 47 ; Meister, NZG 2008, 767, 768 ; Heinemann, NZG 2008, 820, 822 ; Tettinger, Der Konzern 2008, 75, 77 ; Römermann/ Passarge, ZIP 2009, 1497, 1500 ; Berninger, GmbHR 2010, 63, 69)。

⑭ 有限会社法5a条2項2文の法文は会社の成立方法によって異なるところはない。組織変更法135条2項1文での指示も該当する制限を含むものではない。組織変更に特有の財産移転形式による有限会社法5a条2項2文の現物出資の禁止の排除のための信頼できる体系的な手掛かりは見出せない。有限会社法5a条2項2文の現物出資の禁止は、組織変更のための特別規制に関わりなく置かれている訳でもないし (so aber Lutter in Lutter/Hommelhoff, GmbHG, 17. Aufl., §5a Rn. 33 ; Ulmer/Paura, GmbHG, Erg.-Band, 2010, §5a Rn. 73 f. ; Hennrichs, NZG 2009, 1161, 1163 f.)、組織変更に特有の権利承継に関する特別規定も有限会社法5a条2項2文の新規設立のための分割への適用と相対立するものではない (aA H. Röhricht, Die Anwendung der gesellschaftsrechtlichen Gründungsvorschriften bei Umwandlungen, 2009, S. 96 ; Gasteyer, NZG 2009, 1364, 1367 f.)。それどころか、組織変更法138条に規定されている現物出資報告は有限責任を伴った会社の新規設立のための分割の場合、有限責任を伴った会社形式に適用される現物出資の規定が考慮されなければならないことを示している。

⑮ 以上の見解は、立法者の意思とも一致している。有限会社法5a条2項の理由書によれば現物出資は必要ではなく、それ故許されるものではないと見なされている。現金資金は設立後の創業時の事実上の需要に応じて適切な額が最低基本資本として選択されうるので、最低基本資本は現金で払い込まれるべきである (vgl. Begründung zum Regierungsentwurf des MoMiG, BT-Drucks. 16/6140, S. 32)。

⑯ 有限責任事業会社の採用によって追求される目標、非常に減額された基本資本を伴った会社形式を現存する発起人のための乗車形式として提供すること (BTDrucks. 16/6140, S. 31) から、さらに推論されることは、現物出

資の禁止はいずれにせよ設立の促進および簡素化に資するということである。新規設立の場合の現物出資によって生ずる評価の問題および資本調達の問題は回避されるべきである。上記の目標は（これらの問題が新たな法形式の促進され簡素化された設立のため（so zB Bayer in Lutter/Hommelhoff, GmbHG, 17. Aufl., §19 Rn. 59；Hennrichs, NZG 2009, 1161, 1162）もしくは債権者のため（so zB Priester in Lutter/Winter, UmwG, 4. Aufl., §138 Rn. 3；Schäfer in Bork/Schäfer, GmbHG, 2010, §5a Rn. 20）に回避されるべきか否かと全く無関係に）組織変更法138条によって強制される現物設立報告の作成の要求を伴う分割による新規設立の状況をも包含するものである。

Ⅶ　まとめに代えて

⑴　先に紹介したように、4月19日決定は、有限会社法5a条2項2文および同5条の規定は、その意義および目的によれば、現物出資の禁止は同5条1項の最低資本の限度に達する資本増加には適用されないとしており（前記Ｖ2⑶b）（欄外番号⑬））、抗告審の見解とは異なる立場に立つことを明らかにしている。その理由として幾つかの点が指摘されているが、そこで、強調されていることの1つとして、前記Ｖ2⑶b）aa）（欄外番号⑭）で指摘されている有限会社法5a条5項が、現物出資禁止規制に係る同条2項を指示している点が掲げられる。前記決定に拠れば、有限会社法5a条2項2文の現物出資の禁止規制が、原則として有限責任事業会社の設立後の資本増加にも及ぶとしつつも、同条1項から4項までは、有限責任事業会社がその基本資本を有限会社法5条1項の最低資本金額に達するかそれを超えるように増加する場合にはもはや適用されないことになる。これに関して、4月19日決定では、「達する（erreicht）」という言語表現について、資本増加の商業登記簿への登記ではなく[17]、資本増

---

17)　Beschluss des OLG München vom 23. 9. 2010（31 Wx 149/10, DNotZ 2011, 313. 同判決につき、Klein, NZG 2011, 377.)、この点で、Heinz, DNotZ 2011. 710. は、もし、「erreichen」が「rechtlich vollenden」という意味に解されれば、OLG München の

加の決定を含むとの解釈が可能であるとしていると思われる（前記Ⅴ2(3) b) bb)（欄外番号⑯））。

今1つ重視すべきことは、前記Ⅴ2(3) b) bb)（欄外番号⑱）で述べられている点であろう。すなわち、有限会社法5a条2項2文の特別規定を通常の有限会社への移行を生じる資本増加へと適用することは、現物出資の給付が可能な（有限会社法5条4項）通常の有限会社の新規設立に比べて新たな規制の目的に反する方法で有限責任事業会社を害することになるという点である。このような有限責任事業会社規制と通常の有限会社規制に係る結果的なバランスの悪さの問題は前記Ⅴ2(3) b) bb)（欄外番号⑱）の引用文献で既に指摘されていたところであって、4月19日決定で連邦最高裁が本件決定の理由として掲げたもの以外の文献での指摘について連邦最高裁としての見解を敢えて述べていない点は私見として気に掛かるところである[18]。

加えて、4月19日決定では、前記Ⅴ2(3) b) bb)（欄外番号㉑）で、現物出資の禁止が手続きの簡易化に役立つという観点が示されている。この点は、学説においても既に言及されていたところである。例えば、Lutter によれば、現物出資が禁止されていることで、現物設立報告や登記裁判所によるコントロールがいらなくなり、簡易化及び促進化に資するとされている[19]。4月19日決定は、簡易化の要請が働くのは有限責任事業会社の設立段階であって、通常の有限会社への移行のための資本増加については簡易化の要請が顧慮されない以上、現物出資禁止規制は適用されないとするのである。この限りで、前記Ⅴ2(3) a) aa)（欄外番号⑩）で示された見解が、現物出資の禁止は有限責任事業会

　　見解は正しいとしている。これに対して、Klose, GmbHR 2010, 1212 によれば、定款変更は登記しなければならないとの有限会社法54条1項1文に照らしOLG München の見解を分析しつつも、本件での解釈に際して、前記規定を持ち出す意味はないとし、本文Ⅴ2(3) b) bb)（欄外番号⑯）で示される解釈を展開しOLG München の見解を批判している。
18）　この点に関し、丸山、前掲注1）809頁参照（本書第1章）。
19）　Lutter in Lutter/Hommelhoff, GmbH – Gesetz 17Aufl., 238 Rn. 12.

社の設立のみに適用されるとする結論と軌を一にする点がある[20]。ただ、4月19日決定は、この点のみを結論を導く決定的な理由としている訳ではない。なお、4月11日決定でも、この点への言及はあるものの（前記Ⅵ 2 Ⅲ 3 b）（欄外番号⑯））、それが同決定の結論に至る決定的な理由とはされていない[21]。

ただ、これらの理由付けによって、時折確認される判例及び学説の多くが廃止された法を考慮し立法者の改革的意思を妨げる傾向があることに対して連邦最高裁が対抗している点は歓迎すべきであるとの評価も認められる[22]。

また、4月19日決定直前の資料を伴う文献において[23]、2011年1月末までに1,500社以上の有限責任事業会社が通常の完全な有限会社（Voll-GmbH）になっており、そのうち大多数が積立金の使用に基づく会社財産による資本増加（有限会社法57c条、同5a条3項）によるものであり、これまでこのような方法が実務上大きな意義を有していたと指摘されていることに注意しなければならない。この点で、4月19日決定で示された方向性はこれまでの実務にプラスに働くものであることになる[24]。

(2) 4月11日決定で明らかなことは、有限責任事業会社が、組織変更法上の観点からする新規設立が現物出資を伴うものである限り、有限会社法5a条2項2文の現物出資の禁止規制が適用される結果、有限責任事業会社の新規設立は認められないという点である。この結論は、前記Ⅵ 2 Ⅲ 3 b）（欄外番号⑬）で指示されているこれまでの学説の圧倒的多数の見解に沿うものである。ここで注意しなければならないことは、有限責任事業会社への現物出資の禁止規制

---

20) Hennricks, NZG 2009, S. 1163 も、現物出資の禁止規制は設立のみを簡易化し促進させるべきものなので、設立の終了後はもはや適用されないとしている。

21) Priester, a. a. O. (Fn. 16), S. 420 は、現物出資の禁止がそれだけで簡易化され促進化された設立の利益……に資することになるかという興味深い問題を民事部は明らかに未解決のままにしていると指摘している。

22) Gasteyer, NZG 2011, 693, 694.

23) Lieder/Hoffmann, a. a. O. (Fn. 3) R194.

24) Lieder/Hoffmann, a. a. O. (Fn. 3) R194 では、前掲注17) の OLG München の立場は、これまでの実務の展開を否定するものとして誤りであるとする。

の適用は、有限責任事業会社の新規設立の場合を前提としており、組織変更に関する手続きとの関係で引受け主体（Übernehmender Rechtstrager）となる場合を射程に入れている訳ではないという点である。

なるほど、4月19日決定は、会社分割に直接関わるものではないが、同決定を踏まえた、会社分割の当事者適格（Spaltungsfähigte Rechtsträger）に関する組織変更法124条の解釈として、最低資本の限度に達するまたはそれを超えて分割がなされる場合の引受け主体として有限責任事業会社を認めることができるとされている[25]。つまり、4月11日決定によって、有限責任事業会社の新規設立のための会社分割（Abspaltung）は認められず、その限りで有限責任事業会社は、（新設型）会社分割の当事者適格を認められないとしても[26]、金銭出資によって新規設立された有限責任事業会社が、25,000ユーロの最低資本額に達するようにするために、（吸収型）会社分割（Spaltung zur Aufnahme）を利用することは許されることになる。（吸収型）会社分割の場合は、既存の有限責任事業会社が分離される財産の引受け主体として会社分割の当事者適格を有するのである[27]。他方、既存の有限責任事業会社が（吸収型）会社分割を利用しても、引受け主体としてそのまま有限責任事業会社として留まるとすれば、当事者適格は認められないことになる[28]。

(3) このように本章で紹介した連邦最高裁の2つの決定は、結果的に、有限責任事業会社について適用される有限会社法5a条2項2文による現物出資禁止規制の適用範囲について従来から学説で論議されていた問題について、連邦最高裁としての立場を明らかにしており、学説および実務上も[29]重要な意義を

---

25) Stengel in Semler/Stengel, UmwG, 3 Aufl., § 124 Rn. 8a.
26) Banwaldt in Semler/Stengel, UmwG, 3 Aufl., § 135 Rn. 22b. このことは合併についても問題となる（a. a. O. § 36 Rn. 43a）。
27) この点は、BGHの2つの決定に関するコメントで既に指摘されていた（Bremer, GmbHR 2011, 705）。
28) この点は、本決定以前から既に指摘されていた（Teichmann in Lutter/Winter, UmwG, 4. Aufl., 1Bd. § 124 Rn. 2）。
29) Wachter NJW 2011, 2620, 2623.

有するものと考えられる。ただ、前記(1)で指摘したように、上記決定によって有限責任事業会社規制と通常の有限会社規制との関係について学説で指摘されていた問題点の全てが解決された訳ではない。そして残された問題点のうちには、解釈論だけではなく、立法論としてその解決に取り組まなければならない部分もあること[30]にも依然として留意すべきであろう。

---

30) 前掲注18)の他、Lieder/Hoffmann, a. a. O. (Fn. 3) R194 ; Minras in Michalski, GmbH-Gesetz Bd. 1, §5a Rn. 154 では、いわゆる小規模企業者による法人成りの手段としての現物出資による有限責任事業会社の新規設立の許容を立法論として考慮すべきことが示されている。

第4章
商号の付加語の不正使用と行為者責任

I　はじめに

　ドイツ有限会社法（GmbHG，以下「有限会社法」とする。）5a条によれば、同法5条1項による最低基本資本額を下回る基本資本をもって設立される会社は、同法4条とは異なる商号のもとで、「Unternehmergesellschaft (haftungsbeschränkt)」もしくは「UG (haftungsbeschränkt)」という付加語を伴わなければならない。この意味における「有限責任事業会社」は、その処分可能な基本資本が通常の有限会社に求められる25,000ユーロという最低資本金額（有限会社法5条1項）を下回る金額をもって設立される有限会社である[1]。

　本章では、その主題に掲げられているように、ある有限責任事業会社が有限会社法上義務付けられている上記の付加語ではなく、通常の有限会社としての付加語（GmbH）を用いて取引を行った場合、当該有限責任事業会社を代表して行為した者について、ドイツ民法典（BGB、以下「民法典」とする。）179条の類推により行為者としての責任を認めたドイツ連邦最高裁判所（Bundesgerichtshof, BGH 以下「連邦最高裁」とする。）2012年6月12日判決[2]を取り扱いたい[3]。

---

1)　有限責任事業会社制度の導入に関しては、丸山秀平「ドイツにおける有限責任事業会社制度の創設とその評価」日本比較法研究所60周年記念論文集（2011、日本比較法研究所）795頁以下（本書第1章）、また、設立に関する法規制に関しては、同「有限責任事業会社の設立」龍谷法学43巻4号339頁以下（本書第2章）、有限会社法5a条2項2文による現物出資禁止規制に関する連邦最高裁判所の2つの決定に関しては、同「ドイツ有限会社法5a条2項2文による現物出資禁止規制の適用限界」中央ロー・ジャーナル9巻1号37頁以下（本書第3章）をそれぞれ参照されたい。

II　連邦最高裁判所 2012 年 6 月 12 日判決

　まずはじめに、連邦最高裁民事第二部 2012 年 6 月 12 日判決（以下「本判決」とする。）の主文、事実関係および判決理由を、以下に、注記も含めて、原文通り紹介する[4]。

1　主　　文

　2011 年 7 月 7 日のブラウンシュヴァイク上級地方裁判所民事第 8 部判決に対する被告 2 の上告は、同人の費用負担のもとに棄却される。以下の通り判示する（Von Rechts wegen）。

2　事 実 関 係

① 　原告は外壁および屋根の張り替えが手はず通り行われなかったことを理由として損害賠償を求めている。

② 　控訴手続に既に参加していなかった被告 1「HM–UG（haftungsbeschränkt）」は、2009 年 1 月 2 日の定款によって被告 2「M. H.」により設立された。2009 年 3 月 30 日、被告 1 は、商業登記簿に登記された。基本資本として記載されたのは、100 ユーロであった。被告 2 は、被告 1 の単独取締役であった。

---

[2]　BGH, Urteil vom 12. Juni 2012 – II ZR 256/11.
[3]　本章の論稿執筆後に入手した資料として、Carsten Schäfer, Natalie Hemberger, Rechtsscheinhaftung bei unzulässigem Rechtsformzusatz, AL 2014, 329 がある。同稿によれば、後記 Schwegmann（Fn. 56）と同様、権利外観法理に基づき、行為者が第三者に対して負う責任は、有限会社の最低資本金と有限責任事業会社の基本資本金との差額分であるとしている。
[4]　本判決の原文にもともと欄外番号として注記されていたものは、筆者による脚注の表記（1・2・3……）とは区別して、原文通り、本文中の①・②…で、通し番号として表記していることをお断りしたい。

第 4 章　商号の付加語の不正使用と行為者責任　75

③　「H- GmbH u. G. (iG.), M. H. ...」という名称で原告に、2009 年 5 月 12 日付けで、外壁作業を請け負う旨の申込があった。2009 年 5 月 13 日、原告は同申込を電話により受理した。前記と同じ名称での更なる申込によって原告に更なる外壁および屋根の作業請負が申し込まれた。請求された前払いのための口座所有者として掲げられていたのは「H- GmbH u. g.」であった。原告は続けて前払いをなした。前記作業が開始されたが、完了するには至らなかった。2009 年 9 月に請負契約の即時の解約告知が被告 1 になされた。

④　原告はまず以て両被告に対し 14,587 ユーロ 49 セントの損害賠償を請求した。地方裁判所は、一部欠席・終局判決によって被告 1 に対し 12,444 ユーロ 97 セントを支払うべき旨の判決を下した。同裁判所は、被告 1 に対する更なる訴えおよび被告 2 に対する訴えを却けた。原告の控訴によって被告 2 への 12,444 ユーロ 97 セントの請求が継続して求められた。控訴裁判所は、地方裁判所の判決を一部変更して被告 2 に対する訴えを基本的に正当なものとした。控訴裁判所によって認められた被告 2 の上告はこれに向けられた。

3　判 決 理 由

⑤　被告 2 の上告は失敗に終わった（上告棄却）。

⑥　I．控訴裁判所は以下のように述べている。すなわち、当該請負契約は、受任者たる被告 2 ではなく、被告 1 と締結されたものである。しかし、被告 2 は、被告 1 と共に個人的に責任を負っている。なぜなら、被告 2 は、有限会社法 5a 条に該当する商号「Unternehmergesellschaft (haftungsbeschränkt)」に替えて「GmbH u. G.」という架空の（存在しない）商号を用いていたからである。そのことにより彼は法取引において原告に対して、契約相手が 25,000 ユーロという本来の基本資本を伴い責任を負っている有限会社であるとの外観を惹起していた。被告 1 が有していたのは 100 ユーロの基本資本にしか過ぎない。原告が有限責任事業会社との契約を結ん

でいなかったと証明したことで、被告 2 には民法典 179 条の権利外観責任（Rechtsscheinhaftung）が類推適用される。

⑦　II．前記判決は上告という攻撃に耐えうるものである。

⑧　1．権利外観責任が資本会社の法形式の付加語が全く欠落している場合だけでなく、不正な「GmbH」という付加語が付けられた Unternehmergesellschaft（haftungsbeschränkt）が問題となる場合にも当てはまることを控訴裁判所が受け入れたことは正当なことである。

⑨　a）当部局の経常的な判例によれば、行為者が営業取引の範囲内であるいは契約の締結に際して、有限会社のために GmbH という付加語の欠落した商号で署名している場合に、民法 179 条の権利外観による行為者責任に至る（vgl. BGH, Urteil vom 3. Februar 1975 – II ZR 128/73, BGHZ 64, 11, 16 f.; Urteil vom 7. Mai 1984 – II ZR 276/83, BGHZ 91, 148, 152; Urteil vom 5. Februar 2007 – II ZR 84/05, ZIP 2007, 908 Rn. 9, 14, 17; Beschluss vom 22. Februar 2011 – II ZR 301/08 Rn. 2 - juris）。

⑩　有限会社法 4 条で法律上規定されている会社形式の商号への受入を通じて取引相手に明らかにされるべきことは、取引または契約相手の有限責任という事実である。法取引に期待される開示がなされていなければ、不適切な表象が惹起されることになる。そのことによって生じるのは、取引の相手方が、彼が真の状況を知った場合に全くまたは同じ形で行わなかったような処分をなす危険である。そのことの代償として相応しいのは、必要な釈明（Aufklärung）をしなかった者の信頼責任（Vertrauenshaftung）である（BGH, Urteil vom 3. Februar 1975 – II ZR128/73, BGHZ 64, 11, 17 f.; Urteil vom 3. Februar 1975 – II ZR 142/73, WM 1975, 742, 743; Urteil vom 1. Juni 1981 – II ZR 1/81, ZIP 1981, 983, 984; Urteil vom 15. Januar 1990 – II ZR 311/88, WM 1990, 600, 601 f.; Urteil vom 24. Juni 1991 – II ZR 293/90, ZIP 1991, 1004, 1005）。

⑪　権利外観責任は、契約相手の責任制限が商業登記簿から明らかになることと対立するものではない。有限会社法 4 条の特別な信頼要件は、商法典[5]15 条 2 項に該当する規制、第三者が、商業登記簿に登記され公示され

た事実を自身に認めなければならないという規制に優先する（BGH, Urteil vom 1. Juni 1981 – II ZR 1/81, ZIP 1981, 983, 984；Urteil vom 18. März 1974 – II ZR 167/72, BGHZ 62, 216, 222 f.；Urteil vom 15. Januar 1990 – II ZR 311/88, WM 1990, 600, 601）。

⑫　b）以上の原理は、有限会社法 5a 条 1 項で強行法的に定めている Unternehmergesellschaft（haftungsbeschränkt）または UG（haftungsbeschränkt）という付加語なしに有限責任事業会社の商号が付けられている場合にも同様に妥当する。有限責任事業会社が全くほんの僅かな基本資本しか備えることができないという状況に相対して見れば、ここで指示された法取引の要請がなおさら存することになる。それ故、有効な債権者保護の理由から、ここでもまた同様の責任が求められる（Miras, NZG 2012, 486, 489；Heckschen in Heckschen/Heidinger, Die GmbH in der Gestaltungs- und Beratungspraxis, 2. Aufl., § 5 Rn. 37；Roth in Roth/Altmeppen, GmbHG, 7. Aufl., § 5a Rn. 11, § 4 Rn. 49；MünchKommGmbHG/J. Mayer, § 4 Rn. 151；Paura in Ulmer/Habersack/Winter, GmbHG, Ergänzungsband MoMiG, § 5a Rn. 41）。

⑬　c）さらに以上の原理は、営業取引の範囲内であるいは契約の締結に際して有限責任事業会社について GmbH という法形式の付加語が付けられ、それによって契約相手のもとで彼が 25,000 ユーロの最低基礎資本金（有限会社法 5 条 1 項）を有する会社と契約したとの不適切な表象が惹起されている場合にも同様に当てはまる。

⑭　aa）有限責任事業会社について GmbH という法形式の付加語が付けられている場合、一部の文献は権利外観責任を拒んでいる。その理由として掲げられていることは、通常の有限会社の場合であっても設立に際して基本資本が調達されなければならいとしているだけであり、その結果、債権者は契約締結に際して 25,000 ユーロの責任財産の存在をあてにすることはできないということである（Gehrlein, Der Konzern 2007, 771, 780；Römer-

---

5）　Handelsgesetzbuch, Gesetz vom 10. 05. 1897 (RGBl. I S. 219), zuletzt geändert durch Gesetz vom 04. 10. 2013 (BGBl. I S. 3746) m. W. v. 10. 10. 2013.

mann, NJW 2010, 905, 907 ; Veil, GmbHR 2007, 1080, 1082 ; Paura in Ulmer/Habersack/Winter, GmbHG, Ergänzungsband MoMiG, § 5a Rn. 42 ; Scholz/H. P. Westermann, GmbHG, 10. Aufl., Nachtrag MoMiG, § 5a Rn. 14)。これに対して文献の圧倒的多数は法律上定められている会社の資本装備に関する取引相手の不十分な情報を理由とする（いずれにせよ有限責任事業会社の実際の基本資本と有限会社の最低基本資本との差額に至るまでの）行為者の権利外観責任を正当であるとしている（vgl. Meckbach, NZG 2011, 968, 971 ; Miras, NZG 2012, 486, 489 f. ; Wagner, BB 2009, 842, 844 ; Wachter in Goette/Habersack, Das MoMiG in Wissenschaft und Praxis, 2009, Rn. 1. 103-1. 105 ; Heckschen in Heckschen/Heidinger, Die GmbH in der Gestaltungs- und Beratungspraxis, 2. Aufl., § 5 Rn. 38 ; Pfisterer in Saenger/Inhester, GmbHG, § 5a Rn. 8 ; Wicke, GmbHG, 2. Aufl., § 5a Rn. 6 ; Schäfer in Henssler/Strohn, § 5a GmbHG Rn. 15 ; Fastrich in Baumbach/Hueck, GmbHG, 19. Aufl., § 5a Rn. 9 ; Roth in Roth/Altmeppen, GmbHG, 7. Aufl., § 5a Rn. 11 ; MünchKommGmbHG/J. Mayer, § 4 Rn. 18, 151 ; MünchKommGmbHG/Rieder, § 5a Rn. 16)。

⑮　bb）当部局は最後に掲げた見解に同意する、なぜならばこの見解は立法者の意思にも一致するものであり、また、有限会社法5条1項に定められた法形式の付加語の意義および目的にも一致するものであるからである。

⑯　(1)有限責任事業会社は、有限会社法4条とは異なり、有限会社法5a条1項によりUnternehmergesellschaft（haftungsbeschränkt）またはUG（haftungsbeschränkt）という商号で営まれなければならない。立法者の評価によれば、有限会社の変形としての有限責任事業会社の初めから（強く）減少された基本資本は法取引に対して強制的に公示されるべき情報を表している。(haftungsbeschränkt）という付加語の省略は許されない（vgl. Begr. RegE des Gesetzes zur Modernisierung des GmbH-Rechts und zur Bekämpfung von Missbräuchen (MoMiG) vom 25. Juni 2007, BT-Drucks. 16/6140, S. 31 ; Schäfer in Henssler/Strohn, § 5a GmbHG Rn. 13 ; MünchKommGmbHG/J. Mayer, § 4 Rn. 17,

18 ; MünchKommGmbHG/Rieder, § 5a Rn. 14 f.)。ますます以てその付加語は省略されるべきではない。法律上の準則は正確かつ一字一句ゆるがせにしないで遵守されなければならない（OLG Hamburg, GmbHR 2011, 657 ; Roth in Roth/Altmeppen, 7. Aufl., § 5a Rn. 10)。それ故とりわけ有限会社としての名称は認められない。このことは「有限会社法 4 条とは異なる」有限会社法 5a 条で用いられている表現形式からも明らかである（vgl. Wachter in Goette/Habersack, Das MoMiG in Wissenschaft und Praxis, Rn. 1. 103 ; MünchKommGmbHG/J. Mayer, § 4 Rn. 17 m. w. N.)。

⑰　公衆が惑わされてはならないことは、有限責任事業会社の場合は非常に僅かな創立資本しか装備されていない会社が問題となっているということである（vgl. Begr. RegE BT-Drucks. 16/6140, S. 31)。特別な法形式の付加語は、債権者保護の放棄できない構成要素（Gegenäußerung der BReg, Anlage 3 zur BT-Drucks 16/6140 S. 74）として、取引相手がどのような種類の会社を相手にしているのかを認識することができそしてそれに相応した覚悟をすることができるのかを保証するものでなければならない。適切な最低基本資本が存するという信頼性の出発点は、有限会社の法形式への信頼性全体に及んでいるのである（vgl. Begr. RegE BT-Drucks. 16/6140, S. 31)。

⑱　(2)有限会社法 5a 条 1 項に規定されている法形式の付加語の警告機能が有限会社の境界内において示されるとする以上の考慮は、付加語の省略の場合だけでなく、有限会社という付加語を使用することによって、契約相手が少なくとも 25,000 ユーロの基本資本を装備しておかなければならないという誤った印象が伝えられるような場合にも、行為者の権利外観責任を正当化する。なぜならそのことによって営業取引は Unternehmergesellschaft（haftungsbeschränkt）の過小な信用性を惑わされてしまうからである。

⑲　これに対して以下の抗弁を対抗することはできない。すなわち、その抗弁とは、通常の有限会社の場合でも設立に際して基本資本が調達されなければならいとしているだけであり、その結果、通常の有限会社と契約する

債権者は、契約締結に際して 25,000 ユーロの既存の責任財産の存在をあてにすることはできないというものである。GmbH という法形式の付加語を使用することは、少なくともそのような責任財産が嘗てあったという権利外観を生ぜしめる。成る程、債権者は、有限会社がその基本資本を使用してしまったことに対して保護されている訳ではない。しかし、有限責任事業会社に比べて登記された有限会社のより高い資本基盤はそれに相応するより高い信頼性の保証を基礎付けている。この GmbH のより高い信頼性の保証は、MoMiG[6]によって採り入れられた有限会社と有限責任事業会社との法律上の複線性に際して重要な意味を持つ状況であり、有限会社のより高い基本資本も既に消耗していることもあるとの指摘によって乗り越えることはできない（Roth in Roth/Altmeppen, GmbHG, 7. Aufl., §5a Rn. 11）。加えて、通常の有限会社たる商号を付した有限責任事業会社に対しては、一方で通常の責任財産の調達を回避し、他方で法取引において通常の責任財産を（少なくとも嘗て過去に）調達したとの印象を惹起するという矛盾する行為の禁止に対する違反があることになる（Miras, NZG 2012, 486, 490 ; MünchKommGmbHG/Rieder, §5a Rn. 16）。

⑳　同様の考慮が遭遇する論証は、契約相手が有限責任を示しているので、もはや権利外観はないというものである（so Paura in Ulmer/Habersack/Winter, GmbHG, Ergänzungsband MoMiG, §5a Rn. 42）。有限会社と比べて初めから（強く）減少された基本資本がまさしく指示されているのは、立法者の意思によるものである。立法者および法取引の観点からすると会社の信用性の問題にとって大きな意義を有するのは、会社が初めから法律上の最低基本資本（あるいはそれ以上のもの）を装備していたかあるいは任意に減少した基本資本を有していたかということである。なぜなら会社の自己資本装備は会社の事業計画への社員の信頼性を反映させるものであるからである（Michalski/Miras, GmbHG, 2. Aufl., §5a Rn. 58）。

---

6)　Gesetz zur Modernisierung des GmbH – Rechts und zur Bekämpfung von Missbräuchen (MoMiG), BGBl, I 2008, 2026 ff.

㉑ (3) GmbHという法形式の付加語の使用によって打ち立てられた権利外観は、この関係で理解することができない「u. g.」ないし「u. G.」という付加語[7]によって壊されることはない。なぜならば、このような名称は必ずしも十分説得力あるものではないし、更に有限会社法5a条1項により認められないからである。

㉒ (4) 被告2が「GmbH」という付加語だけでなく「i. G.」という更なる付加語[8]を使用していたことで結論が変わる訳ではない。それどころか反対に、有限会社が未だ設立段階にあったという不適切な指示は、その会社が将来、すなわち、商業登記簿への登記の時点で、手続き通りに、設立費用を除き25,000ユーロの最低基本資本の責任財産をまたは発起人に対する欠損填補責任に基づく請求権を使うかまたは万が一登記が失敗に終わった場合には、契約相手に依拠することができる発起人に対する損失補填責任に基づく請求権を有するとの権利外観を示すことになる (vgl. BGH, Urteil vom 27. Januar 1997 – II ZR 123/94, BGHZ 134, 333, 334 ff.；Urteil vom 16. Januar 2006 – II ZR 65/04, BGHZ 165, 391, 395 ff.)[9]。

㉓ 2. 契約相手に対して、彼が有限責任事業会社ではなく、有限会社と契約したとの外観を生ぜしめている場合、行為者は権利外観を信頼した契約相手に対し個人責任を負うことになる。文献における見解 (Roth in Roth/Altmeppen, GmbHG, 7. Aufl., § 5a Rn. 11) とは反対に、欺罔は、内部責任として形成された欠損填補責任ではなく、外部責任を基礎付ける。

㉔ 結果的に権利外観責任が意味することは、帰責的な原因がある権利外観に従い責任を負うということである。この責任は実際の企業主のための補

---

[7] unter Gründung（設立中、設立状態にある）の略語である。
[8] 前掲注と同様。in Gründung（設立中、設立段階にある）の略語である。本判決の判決理由 II. 1. c) bb)（4)（欄外番号㉒）との関係では、登記申請中であることが示唆されている。
[9] 括弧内で引用されている判例は、いずれも設立中の会社の社員が負う損失補填責任 (Verlustdeckungshaftung) および事前債務負担禁止に係る責任 (Vorbelastungs-(Unterbilanz-) haftung) に関するものである。

充的な差額支払い責任（Ausfallhaftung）ではない。（本件と同様）行為者が帰責的に会社のより高度な信用性を基礎とした潜在的により有利な責任状況があるとの権利外観を打ち立てた場合、彼は、当該外観を善意で信頼した契約相手に対し、企業主と並んで、連帯債務者として責任を負う（vgl. BGH, Urteil vom 15. Januar 1990 – II ZR 311/88, WM 1990, 600, 602 ; Urteil vom 24. Juni 1991 – II ZR 293/90, ZIP 1991, 1004, 1006）。それ故、行為者が、引き起こされた権利外観の高さまで基本資本を補填することで、有限責任事業会社を負担した債務自体を履行するような状況に置くことだけでは十分なものではない。民法 179 条が基礎付けているのは、契約相手に対して発せられた事実上不適切な表示によって直接行為をした者が信頼事実要件を生ぜしめたという状況のみに基づく債務とは別個の保証責任である（BGH, Urteil vom 5. Februar 2007 – II ZR 84/05, ZIP 2007, 908 Rn. 17）。

㉕　そのことで行為者は不適切な方法で負担を背負わされている訳ではない。行為者の請求に際して、内部関係で実際の権利者による保証を求めるのは行為者の仕事なのであり、そのことは同時に彼がその者の破産の危険を担わざるを得ないことになる。このような危険分配は妥当なものである（vgl. BGH, Urteil vom 15. Januar 1990 – II ZR 311/88, WM 1990, 600, 602）。

㉖　文献において圧倒的に認められているように、個々の債権者もしくは債権者全員に対する責任が有限責任事業会社の基本資本額と有限会社の最低基本資本額との差額に限定されるか否かは、本件では未解決のままで置くことができる。なぜなら、原告は、12,444 ユーロ 97 セント、つまり以上の差額よりも少額、の損害賠償を求めているだけであり、また、被告 2 が他の債権者から権利外観責任に基づき請求を受けているかは提出されておらず、そうでなくとも明らかではないからである。

㉗　3. 更に被告 2 の権利外観責任の前提となるのは、原告が真実の関係を知らず且つ彼が 25,000 ユーロの最低基本資本を有する会社と契約すると信じて当該会社と契約関係に入ったということである。しかし、このことを主張し立証するのは原告の仕事ではない。被告 2 が権利外観の結果を自

身に適用しようと思わない場合には、彼はそれどころか、彼の契約の相手方が真実の関係を知っていたかまたは知らなければならなかったこと、もしくは、彼の契約の相手方が具体的な場合に彼のために何らの役割を果たさなかったことを主張且つ立証しなければならないのである（BGH, Urteil vom 3. Februar 1975 – II ZR 128/73, BGHZ 64, 11, 18 f.; Urteil vom 3. Februar 1975 – II ZR 142/73, WM 1975, 742, 743 ; Urteil vom 1. Juni 1981 – II ZR 1/81, ZIP 1981, 983, 984 f.; Urteil vom 15. Januar 1990 – II ZR 311/88, WM 1990, 600, 602）。控訴裁判所は、上告の前に、原告が有限責任事業会社と契約を締結していなかったと立証したと確認していた。

III 本判決に至る法状況

1 法形式の付加語の欠落と行為者の責任

ドイツにおける会社について、相応する法形式の付加語のない商号による署名がなされた場合、取引の相手方が信頼するのは、自分の契約相手として問題となるのは、個人商人かあるいは少なくとも1名の無限責任を負う自然人がいる人的会社であるということである。このような期待が外れた場合、行為者は、民法典179条（1項）[10]の類推により、個人的に履行もしくは賠償の対象となる[11]。本判決の判決理由II. 1. a）（欄外番号⑨）においても、行為者が営業取引の範囲内であるあるいは契約の締結に際して、有限会社のために「GmbH」という付加語が欠落した商号で署名している場合に、民法179条の権利外観による行為者責任に至ることがこれまで連邦最高裁の判例として確立していると

---

10) 民法典179条1項は「代理人として契約を締結した者は、彼が自己の代理権を証明しない限り、本人が契約の追認を拒んだ場合、相手方に対し、その選択に従い、履行または損害賠償の責めを負う」と規定している。

11) vgl. Antonio Miras, Handelndenhaftung für fehlerhafte Firmierung im Rechtsverkehr, NZG 2012, 1095, 1096) 1095, ders., Besprechung von BGH, Urt. v. 12. 6. 1012–IIZR 256/11, NZG 2012, 989, Ackermann, Nomoskommentar BGB Allgemeiner Teil| EGBGB Bd. 1,. Aufl., § 179 Rdn. 5.

判示されている。本判決は、上記の法理をさらに有限責任事業会社が通常の有限会社に求められている法形式の付加語「GmbH」を用いた場合にも当てはめたものである。そこで、以下に、本判決に至るまでの判例が上記の法理、すなわち民法 179 条の権利外観による行為者責任に至る法理を展開してきたか否かを、本判決の判決理由 II．1．a)（欄外番号 ⑨・⑩）で引用されている判決例を中心に、確認していくことにしたい。

2　連邦最高裁 1975 年 2 月 3 日判決

まず、本判決の判決理由 II．1．a)（欄外番号 ⑨）で最初に引用されているのが、連邦最高裁 1975 年 2 月 3 日判決（以下「1975 年 2 月 3 日判決」とする。）である[12]。以下に、1975 年 2 月 3 日判決の事実関係および判決理由を掲げておきたい[13]。

(1)　事 実 関 係

①　1 原告は、総額 28,451 マルク 55 ペニヒの 1972 年 3 月 4 日から 25 日までの間に振り出された 5 通の手形の振出人・所持人である。各手形は、"H F, Großtischlerei, ... G bei Ha, B straße..."に宛てて振り出されている。

---

12)　BGH, Urteil vom 3. Februar 1975 – II ZR 128/73. なお、本判決の判決理由 II．1．a)（欄外番号 ⑩）では、同一の日付の連邦最高裁判決（Urteil vom 3. Februar 1975 – II ZR 142/73）が掲げられているが、後者の判決の事実関係（欄外番号 ②）は、本文で紹介している前者の判決の事実関係（欄外番号 ②）と同様であり、両判決とも被告は同一人である。後者の判決の原告は、被告に対して手形に基づく 45,543 マルク 73 ペニヒおよびさらにそれ以外の 6,834 マルク 24 ペニヒの請求をしており、両者の間で前記請求の相手方が被告であるか E 有限会社（事実関係 ②）であるか争われた事案である。連邦最高裁は、「mbH」という付加語のない人的商号によって署名した有限会社の業務執行者（被告）は、同人によって生ぜしめられた権利外観による責任を負うが、このことは、処分可能な営業財産が弁済のために不十分であった場合にも妥当すると判示している。

13)　1975 年 2 月 3 日判決についても、同判決の原文にもともと注記されているものは、筆者による脚注の表記とは区別して、原文通り、本文中の括弧書きで表記する。

横向きに押された「Angenommen」（引受）という言葉の下に「H F, Groß-tischlerei, ... G bei Ha」との押印（その下に2つの電話番号）がなされている、その押印の下に被告がその花押とともに署名していた。
② F商会の所有者は、はじめは、1970年に死亡した建築業者Heinrich Fであった。1971年11月12日の認証された契約によって彼の相続人は資産・負債並びに商号の継続権を伴った営業をE有限会社に譲渡した。同社は、取締役たる被告によって代表されており、営業財産たる土地は被告が個人的に取得していた。関与者が商業登記簿に登記したのは、（E有限会社ではなく）被告が事業を取得したということであった。しかし、当該登記申請は、登記がなされる前の1972年6月7日に撤回された。その後、E有限会社は破産している。
③ 事業のE有限会社への譲渡の前に、原告はF商会に商品を供給しており、その対価として手形を受け取っていた。前記手形は、原告が事業譲渡のことを聞いてから書き替えられている。同手形が現金化されなかったので、原告は、手形訴訟において、利息および費用を含めた手形金額の支払いを請求した。原告の主張は、手形引受人として責任を負う者は、E有限会社ではなく被告であるというものである。すなわち、被告は、有限会社に対する代理関係を明らかにしておらず、それどころか彼はF商会の所有者と自称していた。それに対して、被告は、自分がF商会の名で手形を引き受け、以上の商号の所有者はE有限会社であると主張している。被告は、自分がF商会の取得者と表示していることを否認している。
④ 地方裁判所および上級地方裁判所はこの訴えを認容した。原告が棄却を申し立てた上告によって被告は、訴えを棄却するとの申立を継続している。

(2) 判　決　理　由
⑤ 上告棄却。
⑥ 控訴裁判所は、民法典164条2項の規定[14]を適用して、E有限会社ではなく、被告が引受によって責任を負うと結論づけている。被告は、代理人

としての付加語または会社商号の下での署名を通じて、自己が自己の名で行為していないと識別させることなく、自己の署名に「H F, Großtischlerei」という印章を付加しただけであった。基本的にこのような方法で署名するのは個人企業の所有者である。商事代理人および支配人は、代理関係を表す付加語を付加しなければならない（商法典 51 条[15]、同 57 条[16]）。しかし、有限会社の取締役は、会社形式を示す付加語を有していなければならない（有限会社法 4 条 2 項）有限会社の商号の下で署名を行う（同法 35 条）。会社が個人商人の商号を引き受けた場合、（商法典 128 条により自身が責任を負っている）合名会社および合資会社の無限責任社員だけがその商号および氏名によって代理人としての付加語を付けることなく署名することができる。F 商会の所有者が誰であるかについて原告が無関心であったことを被告が主張することまで徹底的なものでないと控訴裁判所は考えていた。なるほど、考えられることは、何人かが商事会社と、いずれにせよそれが誰であろうと商号所有者と取引をしようと望んでいるということである。しかし、手形の引受は、商人にとって多くは債務者の人格が問題となる信用取引である。本件もそれと異なるものではない。

⑦　上告は法的な再審査の実施が維持されないことを認めなければならない。結果的にしかしながら控訴裁判所を支持することになる。

⑧　1. 手形債務者として誰が責任を負うかという解釈についてまず第一に問題となるのは、手形証券に記載された（意思）表示である。手形証券は流通のために定められ、第三者の取得のための基盤を形作っている。それ故、確立した判例によれば、基準となるのは、表示の典型的な意義である

---

14)　「他人の名において行為するとの意思が必ずしも明らかに認識できない場合には、自己の名において行為するという意思の欠缺は考慮されない」とする規定である。

15)　「支配人は、彼が支配権（Prokura）を示す付加語を伴った自己の名前を商号に付す方式で署名しなければならない」とする規定である。

16)　「商事代理人は、署名に際し支配権を示す付加語を控えなければならない。彼は代理関係を明らかにする付加語によって署名しなければならない」とする規定である。

との原理が妥当する。すなわち、証券自体は別として、解釈のために引き合いに出される事情は、交付契約に関与していない第三者に認識されていたものと推測されるかその者に容易に認識できるような事情である（RGZ 112, 85, 86 stdg. Respr.；BGHZ 21, 155, 161 f）。しかし、ある商号の申立の下になされた表示の典型的な意義は、署名者が商号の所有者と同一人ではなく、それ故、所有者の代理人として行為することができまたそれを欲していることが必ずしも十分に明らかでなくても、当該商号の所有者の責任なのである。通例、信用取引が基礎となっている手形（意思）表示に際して、控訴裁判所の決定とは逆にこのことは何も異なるところはない。取引が順調にいく場合には、その者に商号が申し立てられており、契約の締結に際してそれ以上の特別な事情が何ら役割を果たしていない場合、その「商号」すなわち所有者ではなく、署名者に向かおうとすることを考える商人はいない。逆に、所有者の名義で、所有者のために代理する代理人が署名を行っている商号の所有者に、彼の責任を否定し、代理人が代理関係を必ずしも明らかに十分に示していないと引き合いに出すことを認めることは困難であろう。取引が事後にうまく行かなかった場合（商号の所有者が破産した場合）、振り返って別の考慮が可能となる訳ではない。控訴裁判所が引き合いに出した民法典164条2項の解釈基準、それによれば他人の名で行為するという意思が明瞭ではない者が自身で責任を負わなければならないという基準から明らかにされるものはこの場合には何もない。すなわち、署名の種類や方法が、表示を受領した者にとって、契約相手が誰であるかが認識でき、明らかでないのは、表意者が契約相手であるかその代理人であるかに過ぎないような場合は、前記基準はその力を発揮できない（BGHZ 62, 216, 220 f m. w. N.）。

⑨　契約締結者が署名者の責任を望んでいたこと、このことが個別的に手形証券からもそしてその解釈のために引き合いに出すことができる状況から明らかな場合に、この種の事案において商号所有者が責任を負うという原則が、妥当しないことは自明のことである。しかし、このことは本件では

当てはまらない。それ故、被告の手形（意思）表示は、被告が自分自身のために表示を行ったものと見ることはできない。支払人且つ受取人としてその都度手形上表記されているのはF商会であった。とりわけ、当該商号が商取引における商人の名前であることから（商法典17条）[17]、E有限会社が商号所有者として責任を負わされる。被告が、代理関係を示すことなく、自己の氏名と共に商号印による署名をなしたことによって、関係のない第三者にとっても、被告の住所および電話番号ではなくF商会の住所および電話番号だけが、また、支払人として付加語なくF商会とだけ記載されているだけになおさら、商号所有者ではなく被告が責任を負わされるべきであるとの印象は生じ得ない。

⑩　被告により原告との間で締結された手形交付契約の解釈に際して、手形証券の解釈に妥当する制限は行うべきでないことは勿論である。その限りで妥当するのは、手形証券外に存するあらゆる状況を考慮して相手の表示の内容を探り出すという一般的基準である。このことは次のような結果になる、すなわち、手形の善意取得を考慮しない手形債務者と最初の受取人との間の関係において、手形表示と手形交付は一致しておらず、従って、引受人の手形責任は有効に生じておらず（Jacobi, Wechsel- und Scheckrecht S. 218 zu Fn. 4）、いずれにせよその責任は他の理由から導き出されることになるということである。しかし、本件ではそのことは問題とならない。本訴は手形訴訟という形で提起されている。それ故、判決への到達を基礎付けるのは、争われていないかまたは証書訴訟の方法で立証された相手の主張だけである。被告の証書外の手形表示は同人の手形に関する証書上の表示とは異なっているので、相手の主張は何ももたらさない。なるほど、原告は、被告が原告に対してF商会の所有者としてはっきりと署名しており、手形交付の前提となる契約交渉に際して自己の土地所有を示唆していたと主張している。交付契約のためにできれば、被告が個人的に手形債務者と

---

[17]　「商人の商号は、商人がそれによって営業を営み署名を行う名称である」とする規定である。

なるべきとの解釈に到達し得るとの主張は、しかしながら、被告によって争われており、証書訴訟によって認められている証拠手段によって証明されていない。

⑪ 従って、手形留保判決にとって注目すべき訴訟資料の理由づけのもとで前提とされていることは、E有限会社が手形を引き受けたということであれば、被告が利息および費用を含み手形金額について責任を負わなければならないという控訴裁判所の見解は、それにもかかわらず結果的に正しいものとなる。すなわち、被告に当てはまるのは権利外観責任という観点に基づく義務である。というのは、被告は、有限会社法4条2項に反して、商号の所有者が有限責任を伴った会社であることを明らかにする付加語を付けることなく、F商会という商号で署名しているからである。

⑫ 有限会社法35条3項によれば会社の取締役は、彼は会社の商号を彼の氏名の署名に付加する方法で署名しなければならない。その際、有限会社法4条2項の規定によりその商号は「"mit beschränkter Haftung"("mbH")」という付加的名称を含むものでなければならない。このことは、明白な法文から明らかでありまた判例および文献で一致して主張されているように、有限会社によって新たに創造された商号に妥当するだけではなく、本件のように、個人商人もしくは人的会社から引き受けた商号が受け継がれる場合にも妥当する（BGHZ 62, 216, 226[18]；Baumbach/Hueck, 13. Aufl. Anm. 4 A；Brodmann Anm. 5；Schilling in Hachenburg, 6. Aufl. Anm. 19；Scholz, 4. Aufl. Anm. 18：alle zu §4 GmbHG；Feine, in Ehrenb. Hdb. Bd. III 3 S. 85）。当面する事案において商号の引継ぎが認められるのか、あるいは、支配説によれば、1つ

---

18) BGH, Urteil vom 18. März 1974 – II ZR 167/72. 同判決は、個人商人が自己の営業を継続するために人的会社（本件では合資会社）を設立する場合には、会社の存在を示す付加語の付かない従前の商号を継続することができるとしつつ、合資会社の無限責任社員が有限会社であるような場合（いわゆる「有限責任合資会社」）には、「GmbH & Co.」のような付加語を付けなければならないとしたものである。その限りで、有限会社法4条2項や株式法4条による商号上の公示性に係る規定は、有限責任合資会社にも準用されることになる（Entscheidungsgründe. Rn. 23）。

の有限会社は複数の異なった商号を有することができないので (RGZ 85, 397, 399 ; 113, 213, 216)、Euro GmbH という商号の維持の事案で、複数の異なった商号は取得された会社にまで及ぶべきではないのか（あるいは支店の商号 F を継承する場合本店の商号の付加語として付け加えられないのか）は、ここでは重要性を有しない。なぜなら、上記の場合に有限会社法 4 条 2 項によれば「"mit beschränkter Haftung" ("mbH")」という付加語のない商号で署名することは禁じられているからである。

⑬ 有限会社法 4 条 2 項違反は、被告の権利外観責任に至る。

⑭ 有限会社の取締役として「mbH」という付加語のない個人商号で署名した者は、彼が（取締役として）行為をした商号所有者が、資本会社またはそれ以外の限定的な財産を以てのみ責任を負う法人ではなく、個人商人または個人商人の企業を継続する人的会社であるとの印象を惹起している（後者に関し、BGHZ 62, 216, 224 ff）[19]。なぜなら、有限責任を伴った法人について法律が定めているのは、商号または団体名における法形式の告知であるからである（vgl. außer § 4 Abs. 2 GmbHG die §§ 4, 279 AktG ; 3 Abs. 2 GenG ; 65 BGB ; 18 Abs. 2 VAG）。従って有限会社という付加語のない署名によって違法に虚偽の外観が生じている。無限の人的責任がないことを開示させようと法律上命じていることは、法取引において取引相手にそのことを明らかにさせる必要性があるとの観念に因っている。彼らにとって重要なことは営業財産と並ぶ更なる財団の責任であるにせよ、個人財産を伴った個人的な加入義務が、注意深い、債権者にとってもリスクが少ない、業務執行を促すことが、一般的に商人に期待されるにせよ、一方で、商人との契約の締結に際して、責任制限はここで、しばしばより大きな慎重さを生ぜしめる。その意味が、商取引において自然人の共同責任が欠けていることを認識することにある、このような法律上前提とされている価値判断は次の場合に相応しいものである。すなわち、有限会社の取締役が彼に期待され

---

19) 前掲注 18) 参照。

ていた開示を怠り、法取引において不適切な表象を惹起させ、それによって、いずれにせよ、責任のために実際に処分できる営業財産が結局弁済のために十分ではなかったとしても、取締役によって生じた権利外観によって取締役の信頼責任が、そうでなければ取引相手が遭遇しないあるいはこの形式では遭遇しない処分の危険を引き起こす場合である。

⑮　E有限会社の手形債務に対する被告の権利外観責任はさらに、原告が真実の関係を知らず、「F商会」における無限の責任関係を信頼して手形の支払い延期に応じたことが前提となる。しかし、このことを主張し、立証することは原告の仕事ではない。行為者において有限会社に対して自然人の人的責任のないことを開示すべきとの法律上の命令はその限りで法取引のために高められた取引保護および信頼保護を創造するとの目標を追求している。取引相手が、自分が真実の関係を知らなかったりまた知るべきものとされていなかったことを証明することが殆どできなかった場合、また更に、個人商号に「mbH」という付加語が付加されていないという事実が契約締結の原因となっているということを証明することが殆どできなかった場合、以上の保護目的は極めて不完全なものとされ、規定の価値は失われてしまう。従って、本件と同様、法律上の開示命令違反の結果としての権利外観責任が問題となっている限り、自己に対して権利外観の結果を適用しようとは思わない者に、法律上定められている権利外観責任および善意者保護の場合と対応して、彼の契約の相手方が責任制限を知っていたか知るべきであったこともしくは具体的な場合においてこのことが彼にとって何の役割も果たさなかったことについての立証責任が課せられるのである。このような立証責任の分配は、契約上の説明義務違反の場合、義務違反が他人の権限の処分の原因となってはいないことの立証責任は当該違反がその者の責任とされる者に課せられるとの民事第2部の判決と一致している（BGHZ 61, 118）。

⑯　以上の法理を有限会社法4条2項違反に基づく権利外観責任の当面の場合に適用してみると、被告が責任を負うことが明らかになる。なるほど被

告は，原告がE有限会社によるF商会の取得を知っていたと主張している。しかし，この主張は原告によって争われており，その正当性は，証書訴訟において認められている立証方法によって立証されていない。

⑰　従って，結果として，被告が原審によって責任ありとされていたことは正当である。被告の上告は棄却される。

以上のように1975年2月3日判決は，被告人の責任を，原審のような商法典164条2項によらず，有限会社法4条2項違反に端を発する権利外観責任として位置付けている[20]。しかし，同判決の判決理由による限り，権利外観責任に関する法律上の根拠として民法典179条が明確に示唆されている訳ではない。

3　連邦最高裁1984年5月7日判決

これに対して，本判決の判決理由Ⅱ．1．a)（欄外番号⑨）で2番目に引用されている連邦最高裁1984年5月7日判決[21]は，設立中の会社が成立した後に認められる有限会社法11条2項による行為者責任は，設立中の会社（Vorgesellschaft）が成立する以前の段階，すなわち設立契約が締結される以前の段階では適用されないとして，この段階における設立前組合（Vorgründungsgesellschaft）[22]の業務執行の責任は民法典179条によるという法律構成に言及している。すなわち「なるほど存在してはいないが，契約相手が契約しようとしてい

---

20)　この点は，前掲注12）に掲げた同一年月日の判決も同様である（Entscheidungsgründe. Rn. 21）。

21)　BGH, Urteil vom 7. Mai 1984 – Ⅱ ZR 276/83. 同判決の主文は，「商業登記簿にいまだ登記されていない有限会社のために行為した者の有限会社法11条2項に定める責任は，単独社員の会社契約（定款）もしくは設定の表明が公証人の認証を受けていない限度において立入ることはできない。行為責任が成立前の会社にも存し得るとする従前の判例は破棄される。」とするものである。

22)　「設立前組合」と「設立中の会社」との関係について，Hirte, Einführung in : Aktiengesetz・GmbH-Gesetz 42Aufl. C. H. Beck 2010, XV. Vorgründungsgesellshaft, 丸山秀平「有限責任事業会社の設立」龍谷法学43巻4号342頁（本書第2章），同「いわゆる「会社の前身（Vorgesellshaft）」について」田中誠二先生米寿記念論文「現代商事法の重要問題」（1984，経済法令研究会）26頁。

る商事事業主である設立中の有限会社の名で設立以前の段階の有限会社の業務執行者が行為したときに責任を負うのは、代理権が存在する場合は、商事事業主であって、(誤った名称の故)民法典 179 条による行為をした代理人ではない」、逆に言えば、「代理人の代理権がないかあるいは本人がいない場合には、代理人自身が民法典 179 条により、責任を負うことになる」としている[23]。

4 連邦最高裁 2007 年 2 月 5 日判決・同 1981 年 6 月 1 日判決

さらに、本判決の判決理由Ⅱ．1．a)(欄外番号 ⑨)で 3 番目に引用されている連邦最高裁 2007 年 2 月 5 日判決(以下、「2007 年 2 月 5 日判決」とする。)[24]では、

---

23) Entscheidungsgründe. Rn. 7.
24) Urteil vom 5. Februar 2007 – II ZR 84/05. 同判決の事実関係は、以下の通りである。すなわち、原告は、2000 年 11 月 17 日、St. A. にある土地に建てられた新築の一世帯用住宅の修復に関する一般事業契約を締結した。受任者側で、契約締結に際し受任者のために代理した立会人 B は「i. A.」という付加語を付けた署名を行った。受任者は、契約書の見出しで以下のように表記されていた。「O. L. Zwiigniederlassung Deutschland (O. L. ドイツ支店) Bo. Ar. & S. J. E., Le. weg1Tel. : 0.」。「O. L. B. V.」は、(オランダの)南 L 商業会議所の商業登記簿に登記されたオランダ法上の有限責任会社(besloten vennootschap)であり、1998 年 12 月 14 日以来、Be 区裁判所の商業登記簿に (HRB – Nr. : 3)「O. L. B. V. ドイツ支店」という商号で登記され、E. に営業所を持って営業をしている。同社の業務執行者は「Bo. Ar.. J.」(被告 1)であり、同人の子息「S. J.」(前被告 2)は支配人である。瑕疵の留保および瑕疵の除去の要求がうまく行かずに建てられた一世帯用住宅が引き取られた後、原告は独自に立証して、鑑定士はあり得べき約 70,000 ユーロの瑕疵除去費用を算定した。最終請求書に示された 93,674 ユーロ 40 セントの報酬残額請求権をこれまで留保してきた原告は、同人の見解によれば、被告らは (有限責任を負う会社であるとの指示がないので) 自身で契約当事者となっていたとして、総計 84,262 ユーロ 80 セントの代価減額および費用納付請求を訴えによって連帯債務者として被告らに請求した。地方裁判所は、企業関連取引の原理により契約は O. L. B. V. と成立したことを理由として訴えを棄却した。控訴裁判所は、被告 2 に対して向けられていたものに限り、原告の控訴を却けた。これに対して同裁判所は、被告 1 に対する訴えを理由あるものとして聞きおよび、その限りで事件を地方裁判所の上級手続の実施のために差し戻した。判決部局によって認められた上告によって被告 1 は訴えの規約の要求を更に求めた。

(オランダの) 南 L 商業会議所の商業登記簿に登記されたオランダ法上の有限責任会社 (besloten vennootschap) のドイツ支店が「BV」(Besloten Vennootschap) という法形式の付加語を省略した場合に、前記会社のために行為した代理人によって惹起された法外観がドイツにおいて成立し、作用した場合にも、有限会社法 4 条において規定する法形式の付加語の省略を理由とする権利外観責任が会社のために行為した代理人に及ぶとする原理が妥当するとしている[25]。

この 2007 年 2 月 5 日判決の判決理由中[26]では、有限会社のために法取引の場に登場した者は (同人がそれ自身業務執行者であろうがそれ以外の代理人であろうが)、同人が法形式の付加語のない商号の署名を通じて少なくとも自然人が責任を負っているということを取引相手が信頼することがもっともであるような状況を引き起こしている場合には、民法典 179 条の類推による権利外観責任の観点から有限会社法 4 条違反を理由として責任を負うとする連邦最高裁の確定された判例として更に 2 つの判決、連邦最高裁 1996 年 7 月 8 日判決 (以下「1996 年 7 月 8 日判決」とする。)[27]および同 1991 年 6 月 24 日判決 (以下「1991 年 6 月 24 日判決」とする。)[28]、が引用されている。更に、2007 年 2 月 5 日判決の判

---

25) 同判決について、Katharina Kneisel, JA 2010, 337-342, Erich Schanze, NZG 2007, 533-536, Holger Altmeppen ZIP 2007, 889-896, Altmeppen によれば、誤解を導くような署名でない場合には、民法典 179 条 1 項に頼ることは余計なことであって、契約締結上の過失の理論や民法典 823 条 2 項による解決策に依るべきものとしている。
26) Entscheidungsgründe, Rn. 14.
27) Sen. Urt. v. 8. Juli 1996 – II ZR 258/95. 同判決は、有限会社法 4 条 2 項に規定されている法形式の付加語の省略を理由とする権利外観責任は専ら会社のために行為をした代理人に及ぶとしつつ、口頭の取引締結は権利外観責任を呼び起こすものではなく、法形式の付加語の省略の下での代理人の署名および有限会社のためにすることを行為者が明白に口頭で否定することが必要であるとするものである。
28) Sen. Urt. v. 24. Juni1991 – II ZR 293/90. 同判決は、有限会社法 4 条 2 項に規定されている法形式の付加語の省略を理由とする権利外観責任は、有限会社の業務執行者だけでなく、法形式の付加語なき商号の署名によって少なくとも 1 名の自然人が責任を負うことに対する取引相手の正当な信頼を惹起した企業の代理人にも及ぶとしたものである。

決理由の他の部分[29]でも、民法典179条の「法思想（Rechtsgedanke）」（括弧は筆者による。以下同様。）を引用して署名した代理人の責任を認めている連邦最高裁の先例として、前記1991年6月24日判決と並んで連邦最高裁1981年6月1日判決（以下「1981年6月1日判決」とする。）[30]も引用されている。そして、2007年2月5日判決では、上記の判例引用に続けて「その限りで、民法典179条が基礎を置いているのは、一般的な行態義務に方向付けられた権利外観責任ではなく、債務とは別個の保証責任（eine schuldunabhängige Garantiehaftung）、すなわち、直接行為をした者が契約の相手方に対してなした実際に不適切な表示によって少なくとも一人の自然人がその個人財産によって相手方に無限責任を負うとの信頼要件事実を生ぜしめたという事情によってのみ基礎付けられるものである」として、「惑わされた契約の相手方はこの特別な信頼を背後にある第三者（代理権授与者）に求めることはできない、その結果、誤った商号の付加語を理由とする責任は、具体的事案において会社のために行為をし誤った表示をなした代理人に限定されなければならない」としている[31]。この保証責任とした部分は、それまでの判決とは異なるものであり、本判決の判決理由Ⅱ．2．（欄外番号㉔）においても、先例として2007年2月5日判決が引用されている。

　2007年2月5日判決の判決理由中に引用されている1981年6月1日判決は、前記Ⅱ3で掲げた本判決の判決理由Ⅱ．1．a)（欄外番号⑩）でも、1975年2月3日判決および同一年月日の判決[32]に続いて引用されているが、本判決の判決理由Ⅱ．1．a)（欄外番号⑩）では、必要な釈明をしなかった者の信頼責任を認めた先例として掲げられている。しかし、本判決の判決理由Ⅱ．1．a)（欄外番号⑨）のように、民法典179条に相応する権利外観による行為者の責任を認めた先例として掲げられている訳ではない。この点は、2007年2月5日判

---

29)　Entscheidungsgründe, Rn. 17.
30)　Sen. Urt. v. 1. Juni 1981 – II ZR 1/81, ZIP 1981, 983, 984.
31)　Entscheidungsgründe, Rn. 17.
32)　Urteil vom 3. Februar 1975 – II ZR 142/73（前掲注12）参照のこと。).

決の判決理由で、1981年6月1日判決を、責任の基礎を民法典179条の「法思想」に求める先例としている評価と重なりあうものがある。もっとも、1981年6月1日判決は、その原審[33]が、権利外観責任を人的商号の使用にのみ結びつけ、物的商号の使用だけでは責任を認めるには不十分であるとしたことに対して、両者の取扱いを異にすべきではないとした[34]後で、「付加語なき商号の下で行為した者が彼自身商号の所有者であるとの印象を惹起している場合には、彼は実際の外観と同じ扱いをされなければならないことは勿論自明のことである。彼が（代理人として行為していることが認識され）契約の相手方の下で、それが誰であろうと商号の所有者が誰に対しても無限に責任を負っているとの印象を惹起している場合も行為者が責任を負う。契約の相手方が以上の期待を裏切られた場合、誠実な取引のために命じられることは（民法典179条で明らかにされている「法思想」と同様）代理人は自分が商号所有者の無限責任を見せかけたことの責任を負わなければならない」と判示しており[35]、その限りで、2007年2月5日判決の判決理由における1981年6月1日判決に対する評価が妥当するものと解される。

5　連邦最高裁2011年2月22日決定・シュレースヴィヒ・ホルシュタイン上級地方裁判所2008年10月24日判決

本判決の判決理由II．1．a)（欄外番号⑨）で4番目に引用されている連邦最高裁2011年2月22日決定（以下「2011年2月22日決定」とする。）[36]は、2008年10月24日のシュレースヴィヒのシュレースヴィヒ・ホルシュタイン上級地方裁判所民事第14部の判決[37]（以下「2008年10月24日上級地裁判決」とする。）で

---

33) OLG Hamm, 24. November 1980, Az : 2 U 126/80.
34) Entscheidungsgründe, Rn. 6.
35) Entscheidungsgründe, Rn. 7.
36) Beschluss vom 22. Februar 2011 – II ZR 301/08.
37) Schleswig-Holsteinisches Oberlandesgericht 14. Zivilsenat, 24. Oktober 2008, Az : 14 U 4/08, Urteil.

上告を認めなかったことに対する原告の抗告を却けたものである。前記決定理由として連邦最高裁が述べていることは、「2007 年 1 月 1 日に発効した株式法 80 条、有限会社法 35a 条に『どのような形式でも (gleichviel welcher Form)』という言葉を挿入したことによって、『変更指針』[38]の法文の中で、いわゆる開示指令 4 条と一致して明らかなことは、営業上の E メールのやり取りもまた法律上義務付けられる記載に含まれなければならず (Regierungsentwurf zum EHUG, BTDrs. 16/960, S. 47 f.)、民法典 179 条による信頼責任もその記載と結び付けられること」[39]である。

2008 年 10 月 24 日上級地裁判決が、原告の上告を認めなかった直接的な理由は、ドイツ民事訴訟法 (ZPO) 543 条 2 項により、当該事案が原則的に意義を有しないし、また、統一的な判例の確保に関する法の継続的形成が上告審の判断を必要としていないということであった[40]。

この帰結に導く上級裁判所の判断との関係で掲げられていたことは、(1) 物品売買に際して「国際物品売買契約に関する国連条約 (CISG)」[41]が基準となっていたとしても[42]、同条約では、代理に関する規制が欠けているので、この問

---

38) Änderungsrichtlinie 2003/58/EG, Abl. EG Nr. L 221/13 vom 4. 9. 2003.
39) Gründe, Rn. 2.
40) Gründe, Rn. 46.
41) United Nations Convention on Contracts for the International Sale of Goods, Vienna, 11 April 1980.
42) 2008 年 10 月 24 日上級地裁判決で述べられている事実関係は以下の通りである。原告は 2005 年 8 月 17 日付けの 4 通の請求書による総額 40,688 ユーロ 42 セントの支払いを被告に求めている (Gründe Rn. 1)。原告は、2005 年 1 月 26 日から同年 10 月 19 日までの E メールによる注文に基づいて、フランスの各地の P 商会に店舗設備用品を供給していた。所有者であり注文主として原告から請求を受けていた被告は、2005 年 11 月 25 日および 2006 年 2 月 28 日付けの催告に応じなかった。2006 年 5 月 24 日付けで被告に送付された督促通知に対して期限内に異議を唱えた (Gründe Rn. 2)。2006 年 7 月、被告は P…S 商会を売却し、同社の会長 (Präsident) の職を辞した。文書によって出された欠席判決の告知は被告に届かなかった (Gründe Rn. 3)。そこで原告が述べたことは、被告がフランスにおいて P 商会の名で 10 件の取引を行ってきたことである。原告は P 商会の法形式の付加語について

題は抵触法上引き出される国家法によって取り扱われるべきであり（MüKo/ Westermann, BGB, 5. Auflage, Rn. 17 vor Art. 1 CISG)、外国の有限責任会社が責任制限を示す法形式の付加語を付けなかった場合にどのような法によって個人責任が定められるかという問題に応ずるのは国家法、本件ではドイツ法、であること[43]、(2) ドイツ法に相応する責任制限を示唆する法形式の付加語が直接適用されるヨーロッパ法で強行的に規定されていることから、(本件ではフランスの) 資本会社のために行為した代理人の権利外観責任の原理が、同人が法形式の付加語のない商号で署名したことによって少なくとも 1 名の自然人が責任を負っているとの取引相手の正当な信頼が引き起こされている場合には、適用されることは疑いのないこと[44]、そして (3) 契約の相手方がデジタル方式による E メールでは商号のうち特に覚え易い部分だけを見出し語として用いていたので、権利外観責任にとってデジタル方式による E メールのやり取りは標準的な書面のやり取りとは必ずしも完全に同一視されないこと[45]、であった。

前記(2)の「ヨーロッパ法」について指示されているのは、開示指針 (Publizitätsrichtlinie)[46]である。同指針 4 条によれば、書簡および注文書またはそれと同様の書面には会社の法形式および営業所を記載しなければならないとされていた。ドイツでは、前記指針を国内法に転換したものとして「電磁的商業登記簿、協同組合登記簿および企業登記簿法に関する法律（EHUG）」が[47]、2007 年

> 何も認識していなかったのであるから、いずれにせよ被告は個人的に責任を負うということである（Gründe Rn. 4)。原告は 2006 年 11 月 13 日の上記欠席判決の維持および被告に対する 40,688 ユーロ 42 セントおよび 2005 年 12 月 3 日以降の 8 ％の利息並びに 653 ユーロ 10 セントの弁護士費用を支払うべき旨の判決を求めている（Gründe Rn. 5・6)。

43) Gründe, Rn. 32.
44) Gründe, Rn. 33, 34.
45) Gründe, Rn. 35, 36, 38, 39, 40, 43.
46) Erste Richtlinie des Rates vom 09. 03. 1968 – ABl. L 65 vom 14. 03. 1968, S. 8-12, zuletzt geändert durch die Richtlinie 2006/99 EG – ABl. L 363 vom 20. 12. 2006, S. 137-140.
47) Gesetz über elektronische Handelsregister und Genossenschaftsregister sowie das

1月1日から全面的に発効している。同法により改正された株式法80条、有限会社法35a条では、会社の法形式および営業所等一定の記載をなすべきものとして義務付けられている書面として、従前の法文では「商業書簡（Geschäftsbriefe）」のみが掲げられていた。これに対して、新たな法文では「商業書簡」に続いて「どのような形式でも」という表現が付加され、EメールやFAXも含まれるという上記開示指針の趣旨が反映されることになった。

ここで2008年10月24日上級地裁判決で明らかにされている通り、原告と被告との間のEメールのやり取りは、2005年からなされており[48]、上記2007年法改正以前である。しかし、同上級地裁判決では、この点は述べられていなかった。これに対して、2011年2月22日決定では、先に示したように、2003年9月4日の「変更指針」の法文の中で、いわゆる開示指令4条と一致して明らかなことは、営業上のEメールのやり取りもまた法律上義務付けられる記載に含まれなければならいとしている。そして、「2006年12月31日まで適用される法文によりEメールが『商業書簡』に該当し、義務付けられる記載に含まれるべきものであったかという法的問題が、今後もなお意義を有するかは見通すことができない。旧法により取り扱わなければならない事案の数が不定でありこの法的問題がなお提起されるかは述べることも明らかにすることもできない。」としている[49]。

6　小　　　括

これまで見てきた通り、本判決の判決理由Ⅱ．1．a)（欄外番号⑨）で引用されている3つの連邦最高裁判決および1つの連邦最高裁決定を全体として見た場合、連邦最高裁が、（外国の有限責任会社を含む）有限会社について、有限責任を表す付加語を伴わない商号で署名した業務執行者または代理人について無限責任を負うとする法律構成を認めてきたことを確認することができる。しか

　　　Unternehmensregister ;, G. v. 10. 11. 2006 BGBl. I S. 2553.
48)　Gründe, Rn. 2・3（前掲注42）の事実関係参照。).
49)　Gründe, Rn. 3.

し、そのような法律構成を支える法理として持ち出されてきたのは、民法典179条の「法思想」であったり、あるいは信頼責任であったり、また権利外観責任であったり、区々である。少なくとも、本判決が認めている「民法典179条の類推」という方法が、上記判例の流れの中で、必ずしも当然のものとして当初から判決理由中に明らかにされてきた訳ではないことを見て取ることができる。

それでは、本判決の法律構成、民法典179条の類推という方法に対して、現在、ドイツの学説において、どのような評価がなされているのであろうか。この点は次節で扱うことにしたい。

Ⅳ 本判決の評価

1 本判決に対する評釈・解説

本判決が出されたことによって、有限責任事業会社の制度化以来、問題とされていた有限責任会社がそれに義務付けられた真正な商号の付加語である「Unternehmergesellschaft (haftungsbeschränkt)」もしくは「UG (haftungsbeschränkt)」という標識を用いなかった場合の責任関係について、連邦最高裁による判断が示されたこと自体は、評価に値するものと言えよう[50]。しかし、本判決の判断に示された民法典179条の類推という法律構成に対しては、さまざまな評価がなされている。そこで、まず、本章執筆時点における、本判決に対する評釈、解説のうち主立ったものを、以下に掲げることにしたい[51]。

(1) Miras

本判決について肯定的な評価をしているものとして掲げられるのは、Miras

---

50) Karsten Schmidt, JuS 2013, 165 によれば、「この限りで、本判決は長い間待ち望まれたものあった」とされている。
51) 本文で掲げた以外の論評として、Weiler, notar 2012, 291-292 ; Lind, LMK 2012, 339268 ; Andreas Weber, JA 2012, 868-871 ; Hangebrauck, WuB Ⅱ C § 5a GmbHG 1. 12.

である。

　Miras は、法形式の付加語のない商号による署名がなされた場合、取引の相手方が信頼するのは、自分の契約相手に際して問題とされるのは、個人商人かあるいは少なくとも 1 名の無限責任を負う自然人がいる人的会社であるということであり、このような期待が外れた場合、行為者は信頼責任を負うことになる、それによって、行為者は、民法典 179 条の類推により、個人的に履行もしくは賠償の対象となるのであるとして、本判決を紹介している[52]。

　Miras は、本判決の判決理由Ⅱ．1．b)（欄外番号⑫）で引用されている通り、本判決以前から、前記Ⅲで示された連邦最高裁の判例法理が有限責任事業会社の場合にも妥当することを、以下のように述べていたのである。すなわち「有限責任事業会社が許されていないやり方で有限会社と名付けられている場合、このことは取引相手を、設立の時点では、少なくとも 25,000 ユーロの責任資本が存在していたとの暗示にかけてしまう。なるほど、有限会社の社員は費消された基本資本を補塡する義務はなく、有限会社の債権者にとって最低資本額の保証された責任資産が用意されている訳ではない。勿論確認されるべきことは、通常の有限会社の設立が、有限責任事業会社の設立の場合にこのことが問題になるよりも、より多額の資本投入を必要としており、現存の財産により高度の信頼を正当化するということである。それ故、以上の場合に有限責任事業会社の基本資本と 25,000 ユーロという法律上の最低資本との差額に限定された行為者の権利外観責任が存する。通常の有限会社も財産がなくなることがあるので、そのような場合には外観責任は受け入れられないとする反対説は、有限責任事業会社の発起人は会社をはじめからより切迫した状態で装丁しているという事情を必ずしも十分に考慮しているとは言えない」としている[53]。なお、本判決の判決理由Ⅱ．2．（欄外番号㉔）で、民法典 179 条の類推によって認められる行為者の責任が外部責任であり、連帯責任であるとされていることについても、Miras は、この責任は代理されている会社が支払能力がない場合に初

---

52)　Miras, a. a. O. (Fn. 11) NZG 2012, 1095, 1095 f.
53)　Miras, Aktuelle Fragen zur Unternehmergesellschaft, NZG 2012, 486, 489 f.

めて実際に重要なものとされるにせよ、権利外観責任は企業の担い手が負う契約上の責任と並んで等しく存在しており、それ故、単なる差額支払い責任ではないとして、本判決の立場から論述を展開している[54]。

(2) Rieder

同様に、Riederの見解も、本判決の判決理由Ⅱ．1．c）bb）(2)（欄外番号⑲）で引用されている。従って、本判決に対して肯定的な立場をとっているものと言えよう。すなわち「取消法はこのような錯誤に陥った債権者のための選択手段となっていない。取消がなされたことによる不当利得の原理に基づく法律行為の巻き戻しは、度々有限責任事業会社の場合取り出すものが何もないということでうまく行かない。従って考慮されなければならないのは、会社の責任状況に関する取引相手の不十分な情報を理由とする社員ないし業務執行者の権利外観責任である。有限責任事業会社ではなく、通常の有限会社が問題となるような印象が惹起された場合考えられることは（勿論、25,000ユーロという法定の最低基本資本額を限度とする）この責任を受け入れることである。なぜなら多分最低資本金の限度まで責任資本が存するとの表明がなされているからである。この考察は上辺だけ見れば、通常の有限会社の場合でも設立に際して最低基本資本が調達されなければならいとしているだけであり、その結果、通常の有限会社と契約する債権者は、契約締結に際して25,000ユーロの責任財産の存在に対する保証を使えることはないという反論に晒される。この反論はそれほどのものではない。「GmbH」という法形式の付加語を用いることが惹起しているのは、そのような責任財産が少なくとも一度は存在したという法（権利）外観である。この責任財産を費消することができるのは、それをもたらした者の特権である。これに対して、通常の有限会社として商号を付けられた有限責任事業会社にとっては、一方で、通常の責任財産の調達を回避しようとしつつ、他方で、法取引において通常の責任財産を調達した（少なくとも過去にお

---

54) Miras, a. a. O. (Fn. 11) NZG 2012, 1097.

いて一度は）という印象を惹起するという、矛盾する行為の禁止に対する違反となるのである」とされる[55]。

(3) Schwegmann

Schwegmann は、本判決以後に公刊された著作[56]において、本判決を引用しつつ、最終的には本判決と同様、民法典 179 条の類推による行為者責任を認める立場を明らかにしている。すなわち、有限責任事業会社のために行為した者が会社の法形式に関する債権者の錯誤を利用したりあるいはその者自身でそのような権利外観を生ぜしめた場合、彼は有限責任事業会社と並んで責任を負うが、その責任の範囲は権利外観の種類に合わせられ、彼が人的会社のために行為したとの外観を惹起した場合には、彼は民法典 179 条の類推によって個人責任を負うことになるとし、第三者が、行為者に帰せしめられる権利外観に因り、自分が有限会社と契約したと思い込んだ場合には、行為者は第三者に対して有限会社の最低資本金と有限責任事業会社の基本資本金との差額分の個人責任を負うことになるとする[57]。

(4) Römermann

本判決に対して、批判的な立場を表明しているのは、Römermann である。

Römermann によれば、本判決は、有限責任事業会社の場合の法形式の付加語の誤った使用の問題に関する初めての判決であることが示されている。Römermann は、実質的な連邦最高裁の判決理由を検討し、本件では原告から取消の意思表示がなされていなかったことから、連邦最高裁は、民法典 179 条の類推によって、本件の利益状況に沿った解決策を見出そうと努めたのであろうが、ドグマ的には不安定な領域 (dogmatisch unsicheres Terrain) に入り込んで

---

55) Rieder, in : MünchKommGmbHG/§ 5a Rn. 16.
56) Schwegmann, Der Gläubigerschutz in der Unternehmergescllschaft (haftungsbeschränkt), S. 57 ff.
57) Schwegmann, a. a. O. (Fn. 56), S. 69 f.

しまったとされる。この点で、問題とされるのは、連邦最高裁が民法典179条の類推によって真正な代理人 (verus procurator) に対し責任を認めていることである[58]。結局、Römermann によれば、本件は民法典123条（詐欺・脅迫）により契約の意思表示を取り消し、民法826条（公序良俗違反に基づく損害賠償責任）により損害賠償が求められるべき事例であったとされている[59]。

(5) Altmeppen

Altmeppen は、同判決を契機として執筆した論稿[60]において、従来の法理が、それぞれの法形式の付加語を完全に省略した場合について民法典179条の類推適用を適切なものであるとしていることを述べたうえで、本判決を批判的に論じている。すなわち、従来の法理が何らかの法形式の付加語を付けられている本件の場合にも拡張されるのか、本件は、無限責任を負う自然人の存在に対する信頼がない場合にも拡張されるのか、といった点である。Altmeppen は、本件の事実関係で民法典179条の類推による保証責任との共通性がないとしている。すなわち、本件で業務執行者は資本会社のための機関としての代理権を伴って振る舞っており、それに対して、民法典179条は、代理権なく代理行為を行うことを意図している無権代理人 (falsus procurator 虚偽代理人) に結びついており、民法典179条の類推による補償責任と本件は関連しない。また、有限会社の最低資本金が25,000ユーロでなければならないことで、当該有限会社が支払能力があること (Solvent) を前提とできる訳にはならないとしている[61]。むしろ、Altmeppen が主張しているのは、契約締結上の過失の理論 (Ver-

---

58) Römermann, Zur Rechtsscheinhaftung des für eine UG auftretenden Vertreters bei Verwendung des unrichtigen Formzusatzes „GmbH", GmbHR 2012, 955, 956.
59) Römermann, a. a. O. (Fn. 58) 957 f.
60) Altmeppen, Irrungen und Wirrungen um den täuschenden Rechtsformzusatz und seine Haftungsfolgen, NJW 2012, 2833.
61) Altmeppen, a. a. O. (Fn. 60), 2838.

schulden bei Vertragsschluß, culpa in contrahendo, c. i. c.)[62]と、民法典 119 条（錯誤）・123 条による取消可能性である。とりわけ、本件の事実関係が正当化するのは契約締結上の過失（民法典 311 条 3 項 2 文）に基づく損害賠償責任であって、信頼責任ではないとしている。

2　本判決の法律構成および評価

　Miras の論評にも明らかなように、本判決は行為者の信頼責任を民法典 179 条の類推によって認めているが、その前提として、従来、有限会社について法形式の付加語を省略して本人すなわち有限会社のために行為した者について同様の民法典 179 条の類推という法律構成を用いて無限責任を認めてきた連邦最高裁の判例の蓄積があり、本判決は、有限責任事業会社について、通常の有限会社としての法形式の付加語を用いて行為した者の責任も同様の法律構成を用いて認めた点に特色がある。

　そもそも、民法典 179 条 1 項で代理人として行為をした者が責任を負うのは、代理権が欠缺している場合であって、それ以外の行為の欠缺について責任を負うという訳ではない。代理権の欠缺以外の理由で代理人によって締結された契約が無効になる場合、例えば、形式不備や必要とされる部局の許可が得られなかったことを理由として無効とされる場合、相手方が代理人に履行または損害賠償責任を求めることはできず、例えば、交渉段階で生ずる義務違反が代理人に帰せしめられる場合には、契約締結上の過失に基づく責任を負う可能性

---

62)　民法典では、以下の 3 つの状況が契約以前の債務関係を基礎付けるものとして規定されている。すなわち、① 具体的な契約交渉の開始（die Aufnahme konkreter Vertragsverhandlungen, § 311 Absatz 2 Nr. 1 BGB）、②単なる契約の準備（die bloße Anbahnung eines Vertrages, § 311 Absatz 2 Nr. 2 BGB）、③（単なる社会的関係でない）同様の取引関係（§ 311 Absatz 2 Nr. 3 BGB）。①～③の場合には、参加者が相手方の権利、法益および利益を斟酌すべく義務付ける債務関係が根拠付けられる（注意義務）。このことは契約の準備がなされることから生ずる信頼関係によって根拠付けられる。場合によっては、義務は、その者が契約相手ではない第三者に対しても生ずる（§ 311 Absatz 3 Satz 1 BGB）。

があるにしか過ぎない[63]。しかし、判例では、代理人が代理すると主張する本人がいなかったり、法人の場合に、当該行為を行える法的な状況になかった場合、例えば、会社として未だ成立していない段階で発起人として契約した者にも、同条が類推されることを認めている[64]。この点は、前記Ⅲ4．で言及した1981年6月1日判決の前提となっている状況と共通する部分がある。いずれの場合にも、契約の相手方から見れば、代理行為の結果として本人に対して法律効果が生じ、相手方は本人に対して請求できると信じていたところ、結果的に本人に対する法律効果が生じない状況となったときに、相手方を保護するため、代理人に対し本人と同様の責任を認めようとしていることが理解される。ただ、他方において、このような相手方の信頼保護の要請を、民法典179条で全て受け止めきれるか否かも検討されなければならない。その点で、本判決を引用する注釈書の中には、本判決を、民法典179条という表現を用いず、一般的な権利外観法理によって業務執行者の個人責任を認めたものとして引用するものも見受けられる[65]。先に述べたように、本判決の判決理由Ⅱ．1．a）（欄外番号⑨）で最初に引用する1975年2月3日判決では、民法典179条の類推という用語を用いず、むしろ同判決の判決理由Ⅱ．1．b）（欄外番号⑬・⑭）では、「取締役の信頼責任」・「被告の権利外観責任」による理由付けが指示されている。また、その部分で先例として引用されている連邦最高裁1974年3月18日判決は[66]、他の判決例においても法形式の付加語なき商号使用に関する先例と

---

63) Larenz, Allgemeiner Teil des deutschen Bürgerishen Rechts, 5 Aufl. § 32 II.
64) BGH, Urteil vom 8. Jili 1974 – II ZR 180/72, BGHZ 63, 45, 48 f.; Flume, Allgemeiner Teil des deutschen Bürgerishen Rechts, 2Bd. 3. Aufl. § 47 1 zu Anm. 2 bis4. 同判決は、未だ成立していない有限責任合資会社（GmbH & Co. KG）の名で発起人として契約を締結した者は、会社が存在しないか会社の成立後契約が認められなかった場合には、民法典179条に基づいて（無限の）責任を負うとしたものである。
65) Pfisterer in : Seanger/ Inhester, Hrsg. GmbHG Handkommentar 2. Aufl. § 5a Rn. 8 (Fn. 22).
66) 前掲注18)・19) 参照。

して重視されているが[67]、いずれの判決についても、責任の実質的根拠として、権利外観ないし取引の相手方の信頼が強調されている。

　先に述べたように、本章で取り扱うのは、専ら本判決の紹介および評価であって、民法典179条の基礎にある信頼責任や権利外観責任について、全般的に考察するものではない[68]。ただ、前記1で掲げた本判決に対する評釈・解説から明らかなように、本判決が肯定した民法典179条類推という法律構成について、民法典179条という具体的条文を用いずとも、その基礎にある信頼責任や権利外観責任を強調して、本判決を支持する立場がある一方、本判決の事実関係から、そのような法律構成によらず、他の法律構成、例えば、契約締結上の過失の法理や意思表示の瑕疵による取消の法理による解決が望ましいとの立場も表明されており、本判決が全面的に支持されているとは言い難い。そのことの原因として、そもそも本判決が先例として掲げている連邦最高裁の諸判決についても、それぞれについて批判的な評価が表明されていることからして、本判決が先例を踏襲して用いた民法典179条による解決方法自体に対し批判的な立場からすれば、当然、本判決に対しても、批判的な論評をせざるを得ないことになろう。そうでなく、本判決が、先例とは別の場面、すなわち、有限責任事業会社が通常の有限会社の商号を用いた場合にも、先例と同様、民法典179条を用いたことに対し、批判的な論評を行っているものも見受けられる。また、本判決の法律構成を受け入れつつも、本判決が認めた責任の性質さらには本判決が未解決のままにしておいた法律問題について批判的に論評しているも

---

67)　BGH, Urteil vom 8. Mai 1978 – II ZR 97/77. 同判決は、有限合資会社に求められる付加語がなかった場合に、付加語の省略について責任ある者の個人責任を認めた事案であるが、同判決では付加語の使用に係る条文として商法典19条2項が指示されている（Canaris, Die Vertrauenshaftung im Lichte der Rechtsprechung des Bundesgerichtshofs, 50Jahre Bundesgerichtshof, Festgabe aus der Wissenschaft, 2000 Bd. I S. 129, 164.）。
68)　信頼責任全般を取り扱うものとして評価が高い著作として、Canaris, Die Vertrauenshaftung im deutschen Privatrecht, 1971, unveränderter Nachdruck 1981. とりわけ民法典179条との関係では、Altmeppen, Disonibilität des Rechtsscheins, 135 ff.

のもある。私見としても気になるのは、本判決が、その判決理由Ⅱ．1．c) bb)(2)(欄外番号⑲) で「GmbH という法形式の付加語を使用することは、少なくともそのような責任財産が嘗てあったという権利外観を生ぜしめる。」と述べている部分である。確かに、本判決が続けていうように「GmbH」という付加語は、より高い信頼性の保証としての意味を有するかもしれない。しかし、前記 1 で Altmeppen が批判している点、すなわち、有限会社の最低資本金が 25,000 ユーロでなければならないことで、当該有限会社が支払能力があること (Solvent) を前提とできる訳にはならないとの点は看過できないように思われる。いずれにしても、今後の連邦最高裁の判例の展開を注視する必要があろう[69]。

V　まとめに代えて

前記Ⅳでは、本判決について、ドイツの法状況に基づく分析評価を試みた。これに対して、本判決において用いられている法理が、我が国の法状況に対して、どのような影響を及ぼすことができるかについて、以下に、若干の検討を行うことで本章のまとめとしたい。

1　我が国における会社の商号と付加語

我が国において、会社の商号は会社の同一性を表すために用いられる名称である（会 6 条 1 項）。従来から、商号とは、商人がその営業活動において自己の同一性を表すために用いる名称であるとされてきた。その限りで、民法上、自然人が、その同一性を表すために用いるのが「氏名」であるのと相応してい

---

[69]　最近の判決例では、デュッセルドルフ地方裁判所 2013 年 10 月 13 日判決がある（LG Düsseldorf v. 16. 10. 2013-9 O 434/12, GmbHR 2014, 33.）。有限責任事業会社の業務執行者が、会社のために行為した際に、「UG」という名称を表したが、付加語である「(haftungsbeschränkt)」という標識を伴わなかった場合には、直ちに権利外観に基づく責任を負うものではないと判示している（同判決について、Beck, Keine Haftung des "UG" - Geshäftsführers, GmbHR 2014, 402.）。

る。会社形態を採らない商人は、その氏、氏名その他の名称をもって商号とすることができるので（商11条）、商人は自然人としての氏名とともに商人としての営業活動に使用できる名称としての商号を有することになる。これに対して、会社は、営利社団法人であり、会社の名称は、事業活動に使用する名称としての「商号」のみである。もっとも、法人成りの場合に、個人商人が自然人として有していた氏名を商号とし、法人化に際して、当該商号をそのまま会社の名称とすることは差し支えない。この意味で、会社の名称は、商号の登記に用いられる範囲で自由に決定できるものと解される[70]。

我が国では、商人の商号は登記される必要はないが、会社の商号は必ず登記されなければならない（会911条3項2号、912条2号、913条2号、914条2号、915条1項）。また、商号の登記に際しては、ローマ字その他の符号で法務大臣の指定するものを用いることもできる（商業登記規則50条1項、各種法人等登記規則5条）。

本章のドイツにおける法状況との関係で比較し得る我が国の法規定として、まず掲げられるのは、会社法6条2・3項である。すなわち、会社は、株式会社、合名会社、合資会社または合同会社の種類に従い、それぞれその商号中に株式会社、合名会社、合資会社または合同会社という文字を用いなければならない（会6条2項）。同じく、会社は、その商号中に、他の種類の会社であると誤認されるおそれのある文字を用いてはならない（同3項、罰則について、会978条1号[71]）。我が国において、会社は、それぞれの種類に応じて社員の責任の態様が異なり、会社と取引をする者（会社債権者となる者）にとって、信用を置くべき対象も異なってくる。それ故、それぞれの会社の名称が、相応する会社の種類を表すもの、すなわち信用の対象を判断しうるものとなっていなければならないことから以上の規定が置かれている[72]。また、銀行、信託会社は、

---

70) 同旨、新基本法コンメンタール会社法1、51頁（山下友信）。
71) また、会社の成立前に当該会社の名義を使用して事業をした者は、会社の設立の登録免許税の額に相当する過料に処せられる（会979条1項）。
72) 会社法コンメンタール1総則・設立(1)134頁（行澤一人）。

それぞれ商号中に、銀行・信託の文字を用いなければならず（銀行法6条1項、信託業法14条1項）、銀行、信託会社でない者が、その名称または商号中に、銀行、信託など誤認されるような文字を用いてはならない（銀行法6条2項、信託業法14条2項、なお同項ただし書、罰則について、銀行法66条1号、信託業法97条3号）。保険事業を営む会社は、その保険事業の種類も示さなければならならず（保険業法7条1項）、保険会社でない者が、その商号または名称中に保険会社であると誤認されるような文字を用いてはならない（同法7条2項、罰則について、同法335条1号）。

2　付加語の省略および誤使用

前記1で述べたように、我が国において、会社の種類、特定の事業者についてその営む事業が判別できる文字を名称または商号中に使用しなければならず、種類等の誤用について罰則が設けられている。これと同様の規制は、ドイツ法においても存する[73]。しかし、本章において確認してきたドイツの法状況とは異なり、会社の種類を表す付加語を欠いたり、本来の種類を表す付加語とは異なる種類の付加語を伴った取引について、当該取引の相手方に対して誰がどのような責任を負うかについて、我が国では、従来、あまり議論がなされて来なかったように思われる。

もっとも、我が国では、ドイツと異なり、株式会社について、平成17年会社法により、それまでの最低資本金に関する規定が削除され、有限会社についても、有限会社法は廃止され、従前の有限会社は「特例有限会社」として存在するものの、会社形態としては、株式会社となっている（会社法の施行に伴う関係法律の整備等に関する法律2条1項）[74]。従って、我が国では、例えば、特例有

---

73)　例えば、ドイツ商法典37条1項は、（商号に関する）本節の規定に従いそれと相応しない商号を使用する者は、登記裁判所が秩序金（Ordnungsgeld）を定めることにより、当該商号の使用を止めさせることとなると規定している。

74)　我が国における最低資本金制度の撤廃と有限会社制度の廃止について、丸山、前掲注1) 日本比較法研究所60周年記念論文集811頁以下（本書第1章）。

限会社が従前の「有限会社」という付加語ではなく「株式会社」という付加語を使用したとしても、その付加語に対する信頼は、資本規模に関する限りで「有限会社」と「株式会社」とで差異を生ずるものではなく、本章で取り扱った本件判決のような責任額に関する問題を考慮する余地はないものと解される。しかし、本件判決の前提として位置づけられるドイツにおける有限会社の「GmbH」という付加語それ自体の省略に関する一連の判決例に係る責任問題は、我が国においても解釈論として成立する余地があると思われる。

　本判決で類推されているドイツ民法典179条に相応する我が国の規定は民法117条であると解される[75]。しかし、ドイツ民法典179条2項によれば、代理人が自己の代理権の欠缺を知らなかった場合、代理人が賠償する責めを負うのは、相手方がその代理権を信頼したことによって被った損害であって、相手方が契約の有効性に関して有する利益の額を超えない額についてだけであるとしており、信頼利益の賠償に限っている。このことから、ドイツ民法典179条1項の履行責任は、代理人が、無権代理であることについて悪意の場合ということになる[76]。その限りで、我が国の民法117条とは異なる。ただ、我が国の民法117条も、代理行為の相手方保護および代理制度の信用維持のための規定であるという部分は[77]ドイツの場合と共通している。いずれにせよ、我が国の民法117条1項によっても、無権代理人は、相手方の選択に従い、履行または賠償責任を負うことになる。そして、この履行責任は、代理人の代理権が有効に付与され、代理行為も有効であった場合に、本人が負担すると同様の責任であるとされている。そして、前記規定は、実在しない法人の代表機関として契約した者の責任を問う場合についても類推適用される[78]。従って、例えば、設立

---

75)　注釈民法(4)204頁（中川淳）参照。

76)　前掲注釈民法(4)206頁（中川淳）、佐久間毅「無権代理人の責任」奥田先生還暦記念・民事法理論の諸問題上巻19頁。この点は、本判決に対するAltmeppenの評価において指摘されている（前記Ⅳ. 1 (5)、Altmeppen, a. a. O. (Fn. 60), 2838.）

77)　前掲注釈民法(4)204頁（中川淳）。従って、本条による責任は、無過失責任であるとされる。

78)　最判昭33・10・24民集12巻14号3228頁。

中の株式会社について、成立後の株式会社の代表取締役として契約を締結した者も、本人たる株式会社がまだ成立していなくとも、民法117条1項の類推によって、成立後の株式会社が負担すると同様の責任を負うことになる。このことを前提とすれば、例えば、甲株式会社の代表取締役Aが、株式会社という付加語ではなく合名会社または合資会社という付加語を誤って用いて契約をした場合に、本人である甲合名（合資）会社は存在しなくても、民法117条1項の類推により、Aは、本人である甲合名（合資）会社と同様の責任を負うことが認められるかも知れない。この場合の本人の責任とは、債務者としての法人が負担する責任である以上、債務者が合名会社または合資会社であれば、法人たる会社が債務を完済できない場合に無限責任社員が負担すべき責任の範囲までを含むものと考えざるを得ない[79]。

さらに、手形法上、無権代理人は本人と同様の責任を負うものとされている（手8条）。また、手形上の法律関係は手形の記載文言によって決定される。そして、実在しない法人のために手形行為をした者について、手形法8条を類推適用した判決が見受けられる[80]。このことからすれば、例えば、甲株式会社の（代表）取締役Aが、甲合名（合資）会社代表Aとして振出署名をした約束手形について、甲合名会社が存しなくとも、手形法8条を類推適用することができれば、Aは本人であるべき甲合名（合資）会社と同様の手形責任を負うことが、前記の場合と同様、認められる可能性がある。

以上の解釈論は、前記のドイツにおける判決例で展開された法理から示唆されるものと言えよう。

---

[79] 勿論、この責任は、会社法429条1項に基づき甲会社の取締役Aが第三者に対して負う責任とは異なる。同条の責任を第三者が追及する場合、第三者はAの悪意・重過失による甲会社の取締役としての任務懈怠を立証する必要がある。これに対し、民法117条の類推に基づく責任を追及する場合、相手方はAが甲合名（合資）会社の代理人であると信じたことについて善意・無過失であったことを主張立証することになる。

[80] 最判昭38・11・19民集17巻11号1401頁。

第 5 章
弁護士会社・弁護士株式会社・弁護士有限責任事業会社

I はじめに

ドイツの連邦弁護士法（Bundesrechtsanwaltsordnung）[1]は、弁護士に、職業活動団体（Berufsausübungsgesellschaft）として、有限会社形態を利用できることを明らかにしている。すなわち、有限会社としての弁護士会社（Rechtsanwaltsgesellschaft）が、認められているのである。一方、有限会社と同様の資本会社である株式会社の形態を弁護士が利用できるかについては、連邦弁護士法で明らかにしている訳ではない。しかし、この点について、連邦最高裁によって肯定的な判断が下されている。さらに、有限会社について、2008年有限会社法改正法[2]によって認められた有限責任事業会社（Unternehmergesellschaft）については、弁護士会社について規定している連邦弁護士法と有限責任事業会社について規定している有限会社法との関係から、有限責任事業会社としての弁護士会社が認められるかも、解釈論に委ねられている。

本章では、まず、IIにおいて、有限会社形態による弁護士会社を認めた1998年連邦弁護士法改正の概要について、改正に至るまでの経緯を明らかにしたうえ、改正によって認められた弁護士会社に関する規制について論述する。続いて、IIIでは、前記改正以後、弁護士株式会社が認められるまでの経緯

---

1) Gesetz vom 1. August 1959 (BGBl. I S. 565), (BGBl. III 303-8).
2) Gesetz zur Modernisierung des GmbH – Rechts und zur Bekämpfung von Missbräuchen (MoMiG), BGBl, I 2008, 2026 ff.

について論述する。そして、Ⅳにおいて、2008年の有限会社法改正法によって導入された有限責任事業会社と連邦弁護士法による弁護士会社との関係について検討することにしたい。

Ⅱ　有限会社としての弁護士会社

1　改正法に至る経緯

(1)　従前の状況

ドイツでは、1998年8月31日に公布され、1999年3月1日に施行された改正連邦弁護士法によって有限会社形態による弁護士会社が認められた（連邦弁護士法59c～59m条）[3]。

同改正によって有限会社形態による弁護士会社が認められるまでの法状況を以下に見ていきたい。

まず、1980年代に至るまでは、弁護士にとって、有限会社という形態で結合することは認められないとするのが、学説や（弁護士界の）実務において、支配的であった[4]。その理由として掲げられていたことは、有限会社形態での

---

3) Gesetz zur Änderung der Bundesrechtsanwaltsordnung, der Patentanwaltsordnung und anderer Gesetze (BGBl I S. 2600). 同法について、坂田吉郎「諸外国の弁護士法人制について」自由と正義51巻8号34頁以下、38頁、丸山秀平「弁護士法人について」法学新報108巻9・10号583頁。前記拙稿は、我が国における弁護士法人制度の創設に伴い、我が国の制度解説を主としつつ、先行するドイツ法の弁護士会社について論じたものである。しかし、前記拙稿執筆段階（2002年3月）では、未だ連邦最高裁レベルで弁護士株式会社が認められていなかった。さらには、有限会社法改正による有限責任事業会社も未だ制度化されていなかった。そこで、本章では、専らドイツ法に焦点を絞り、弁護士会社に関する法状況の展開も含め、弁護士会社制度の創設とその後の展開について、判例および立法を中心として、論ずることとしたい。

4) Henssler, in : Henssler/Prütting, Bundesrechtsanwaltsordnung, 3. Aufl., Vor §§ 59c ff. BRAO, Rn. 2 ; vgl. Hachenburg/Ulmer GmbHG 8. Aufl. § 1 Rn. 20 ; Baumbach/Hueck GmbHG 15. Aufl. § 1 Rn. 9 ; Roth GmbHG 2, Aufl. § 1 Anm. 3. 1. b ; Rowedder/Rittner, GmbHG 2. Aufl. § 1 Rn. 12 ; Lutter/Hommelhoff GmbHG 13. Aufl. § 1

弁護士団体を認める法律規定がないことと並んで、そのような形態が、弁護士という職業像（Berufsbild）と相容れないのではないかということであった。すなわち、資本会社という形態では、弁護士としての独立性は実現されないし、依頼者との信頼関係は成立しないのではないかという理由である[5]。

その後、1990年代になって、弁護士界等から立法論として、弁護士有限会社を認めるべきとの見解が主張されたが[6]、1994年の連邦弁護士法の改正にあたって、これらの意見は意図的に取り上げられず[7]、却って、資本会社という形態が弁護士活動という特別な構造に沿うものであるのかという疑念が呈されていた[8]。

(2) 1994年11月24日バイエルン上級地方裁判所決定

このような状況から一歩踏み出したのは、1994年11月24日のバイエルン上級地方裁判所の決定[9]であった。同決定は、ミュンヘンのSeufert GmbHについて、有限会社形態での弁護士有限会社を認める手続きを肯定した。すなわち、同決定は、1993年5月17日のミュンヘン区裁判所の決定および1994年3月10日のミュンヘン地方裁判所の決定[10]を破棄し、本件を新たに審議決定することで、ミュンヘン区裁判所—登記裁判所に差し戻した。

この判断に至る発端は、1992年10月8日に、申請人たる会社（＝Seufert GmbH）が定款変更の登記を申請したことにあった。同社の事業目的として、

　　Rn. 7.
5) Arnold Kremer, Freie Berufe in der Rechtsform der GmbH, GmbHR 1983, 265.
6) Dieter Ahlers, Die Anwalts-GmbH nach geltendem Recht, AnwBl. 1991, 226 ; Peter Heinemann, Rechtsformwahl und Anwalts-GmbH, AnwBl, 1991, 233 ; Martin Henssler, Die Rechtsanwalts-GmbH, JZ 1992, 697 ; vgl. Henssler, in : Henssler/Prütting, a. a. O. (Fn. 4) Vor §§ 59c ff. BRAO, Rn. 2.
7) Henssler, in : Henssler/Prütting, a. a. O. (Fn. 4) Vor §§ 59c ff. BRAO, Rn. 2.
8) BT-Drucks. 12/4993 S. 23.
9) BayObLG Beschluss vom 24. 11. 1994, 3Z BR 115/94, NJW 1995, 199 = DB 1994, 2540 = ZIP 1994, 1868.
10) LG München, Beschluss vom 10. 03. 1994 NJW 1994, 1882 ; ZIP 1994, 957.

登録されていたのは、「企業コンサルティング（Unternehmensberatung）」であったが、前記定款変更によって、同社の事業目的は、法律コンサルティング（法的助言）（Rechtsberatung）を含む他人の法律事件（fremder Rechtsangelegenheiten）の処理となり、当該業務は、同社に雇われ、許可された弁護士によって、職務法を遵守しつつ、独立し且つ自己責任の下に遂行され、それに対して、同社は、必要な人的、物的、空間的前提を調達し、関連する業務を行うという内容であった[11]。

1993年5月17日、ミュンヘン区裁判所—登記裁判所は、同社の申請を拒んだ。その理由は、法律コンサルティング（法的助言）法（Rechtsberatungsgesetz）[12]による許可（Erlaubnis）がないこと、および有限会社形態による弁護士活動は許されないというものであった。同社は、これに対して抗告をなしたが、1994年3月10日、ミュンヘン地方裁判所は、この抗告を、理由なきものとして、棄却した[13]。以上の、両決定に対する同社の再抗告について、1994年11月24日、バイエルン上級地方裁判所は、再抗告を理由あるものとしたのである[14]。

---

11) Gründe I. (Rn. 1-4), ここで、「他人の法律事件（fremder Rechtsangelegenheiten）の処理」となっていることは、当時の法律コンサルティング（法的助言）法（次注参照）1条1項の文言と同様である。同法の文言に関して、ある者が、対外的に、他人の受任者または補佐人として行動していると認識される場合には、他人の法律事件の処理が存するものとされる（BayObLG NStZ 1985, 224）。なお、次注に指摘したように、現在の「法律サービス給付法（Rechtsdienstleistungsgesetz：RDG）2条1項でも同様の文言が使用されており、ほぼ同様の意味に解されている（vgl. Weth, in：Henssler/Prütting, a. a. O. (Fn. 4) § 2 RDG Rz. 22）。

12) 同法は、1935年11月13日付けのGesetz zur Verhütung von Mißbräuchen auf dem Gebiete der Rechtsberatung (RGBl. I S. 1478) が、1958年に、Rechtsberatungsgesetzとなったものである。さらに、2008年7月1日より、同法はRechtsdienstleistungsgesetzに引き継がれている。

13) ミュンヘン地方裁判所も、区裁判所と同様、まず、事業目的が許可されていない場合には、有限会社は登記され得ないとし、本件の場合も、登記できる前提が与えられていないとした。また、弁護士にとって結合のためには有限会社という法形式は閉じられているという従来からの支配的見解に沿うものであると判示しているGründe II. (Rn. 7・12)。

バイエルン上級地方裁判所は、本決定において、これまで長い間支配的であった弁護士有限会社を否定するとの見解は、新たな法状況や連邦最高裁の歯科治療有限会社 (Zahnbehandlungs-GmbH) に関する 1993 年 11 月 25 日の判決[15]に基づき、再検査されなければならないとした[16]。

まず、歯科治療有限会社に関する連邦最高裁判決と本決定の関係を見てみると、歯科治療有限会社に関する連邦最高裁判決では、同判決の原審[17]が「被告がドイツ法によって形成され、ドイツに定住する法人として、基本法 12 条 1 項により自由な職業選択の権利を有しており、それ故、そこで始められた業務活動の評価にとって当該活動を許可する法規定が存するか否かを問題とすることが決定的なことではなく、それどころか逆に、検証すべきことは、相応する職業活動を禁ずる法規定が存するか否かであり、もしそのような規定が存した場合には、その限りで、当該規定が基本法 12 条と一致するか否かということだけであること」を前提としたことを妥当であるとした。また、被告の本件で問題となっている職業選択を妨げ、同時に、基本法 12 条 1 項 2 文の規制条件を充たす法規定がないことは正当に許容されるとした[18]。

バイエルン上級地方裁判所も、前記連邦最高裁判決（前記括弧書き部分）を引用したうえで、この法理は「弁護士有限会社が認められるかの問題の評価にとっても妥当する」ものとした[19]。

さらにバイエルン上級地方裁判所は、当時の改正連邦弁護士法[20]が、有限会

---

14) Gründe I. (Rn. 5), II. (Rn. 6).
15) BGHZ 124, 224；GmbHR 1994, 325；JZ 1994, 1127；MDR 1994, 361；NJW 1994, 786；ZIP 1994, 381.
16) Gründe II. (Rn. 9).
17) OLG Düsseldorf Urteil vom 10. 10. 1991, 2 U 15/91, AnwBl 1992, 133.
18) Entscheidungsgründe (Nr. 20), BGHZ 124, 224. 基本法 12 条 1 項によれば、職業活動は、法律によってまたは法律の根拠に基づき規制することができるものとされている。
19) Gründe II. (Rn. 13).
20) Gesetz zur Neuordnung des Berufsrechtsder Rechtsanwälte und Patentanwälte vom 2. 9. 1994 - BGBl. I S. 2278.

社という形態での弁護士の結合を明らかに禁じておらず、そのような禁令は、1993年5月19日の政府草案の理由書[21]からも導き出されないとして、当時の改正連邦弁護士法59a条は、有限会社という形態で共同の職業活動をするために弁護士が結合することを排除するものではないと判示したのである[22]。

加えて、前記の新たな法状況ついて、弁護士像の変化や弁護士活動の拡がりそして国内外での共同活動の動きの中で、職業法上の新たな規制がなされていることが指摘されている[23]。この点で、1995年1月7日に発効した「パートナーシャフト会社（Partnerschaftsgesellschaft）の形成に関する法律」[24]は、弁護士有限会社の禁止を含まないどころか、同法の政府草案理由書（1993年11月11日）では、自由業者がパートナーシャフトと並んで資本会社を基本的に利用できるべきとしており、パートナーシャフト会社法が、複数の弁護士を既に組織形態として法的に独立した特別財産として用立てている以上、常に一個人を前提とする弁護士有限会社反対論は貫徹しないということになる[25]。また、バイエルン上級地方裁判所民事第3部は、学説上も提唱者が増えつつある、当時の現行法上、一定の条件で、弁護士有限会社または法的助言有限会社を認めるとの見解を支持している[26]。

以上のような、検討に基づき、バイエルン上級地方裁判所は、前審であるミュンヘン地方裁判所の決定を破棄し、バイエルン上級地方裁判所民事第3部の法的見解を遵守しつつ定款変更の登記について改めて判断しなければならないとして事件を登記裁判所に差し戻したのである[27]。

---

21) BT-Drucks. 12/4993.
22) Gründe II. 2. (Rn. 15).
23) Gründe II. 2. (Rn. 16).
24) Gesetz zur Schaffung von Partnerschaftsgesellschaften vom 25. 7. 1994 (BGBl. I S. 1744). 同法に基づく最近の制度改革について、後記第6章参照のこと。
25) Gründe II. 2. (Rn. 17).
26) Gründe II. 2. (Rn. 18).
27) Gründe II. 3. (Rn. 30).

2　1998 年連邦弁護士法改正

前記 1994 年 11 月 24 日バイエルン上級地方裁判所決定後の法状況として、裁判所は、同バイエルン上級地方裁判所決定を認めるようになり[28]、実際にも幾つもの職業活動会社が新たに設立され、活動領域を拡げ始めた[29]。

これに対して、弁護士有限会社の設立状況を放任することなく、また法の分裂状況が生ずることを避けるため、ドイツの立法者、連邦司法省は、1997 年 3 月 19 日、連邦弁護士法改正に向けた最初の立法草案（報告者草案 Referentenentwurf）を提出した[30]。ただ、当時の論評によれば、同草案による規制の狙いは、弁護士有限会社を組織類型として、できる限り魅力のないものにすることにあったと指摘されている[31]。つまり、憲法違反である弁護士会社を、形式上は許容しつつも、実体としては、拒絶し、阻止すべきであるとする政策的配慮がなされたのである[32]。

このような政府草案について、とりわけ批判にさらされたのは、同草案で定められていた「行為者責任（Handelndenhaftung）」であった[33]。同草案 59p 条によれば、職務上の過誤（berufliche Fehler）に対して任務の遂行に携わる業務執

---

28) BayObLG NJW 1996, 3217 ; OLG Bamberg, MDR 1996, 423 ; LG Baden-Baden, AnwBl. 1996, 537.
29) Henssler, in : Henssler/Streck, Handbuch Sozietätsrecht, D Rz. 3 ; vgl. Hellwig, Die Rechtsanwalts-GmbH, ZHR 161 (1997), 337, 341.
30) Referentenentwurf eines Gesetzes zur Regelung der Anwaltsgesellschaft mit beschränkter Haftung, Referat R B 1 ; ZIP 1997, 1518.
31) Uwe Carsten Gerlt, Der Gestzentwulf zur Anwalts-GmbH : Ein Abschreckungsversuch?, MDR 1998, 259 ; Volker Römermann, Anwalts-GmbH als "theoretische Variante" zur Partnerschaft? Anmerkungen zum Referentenentwurf eines Anwalts-GmbH-Gesetzes, GmbHR 1997, 530, 531 ; Henssler, Der Gesetzentwulf zur Regelung der Rechtsanwalts-GmbH ZIP 1997 1481, 1482.
32) Gerlt, a. a. O. (Fn. 31) ; Römermann, a. a. O. (Fn. 31) 530 ff. ; Henssler, a. a. O. (Fn, 31) 1481 ff.
33) Rainer Funke, Der Regierungsentwurf zur Rechtsanwalts-GmbH, AnwBl 1998, 6.

行者は、合同責任者として、個人的に責任を負うものとされていた。しかし、この点に対し、本来、法律上の責任は誤った職業活動に基づく責任のみに限定されるべきであって、パートナーとしての義務に基づく責任に及ぶべきではない、政府草案はパートナーの補助機能を弱めてしまう等の批判が相次ぐこととなった[34]。

そこで、この点を改めた政府草案（Regierungsentwurf）が作成され、1997年11月18日に、同政府草案の承認に至るのである[35]。なお、同政府草案の作成段階で、連邦参議院は、弁護士公証人の参加の禁止を求める意見を提出していたが[36]、この点は立法に取り入れられていない[37]。

以上の経緯を経て、最終的に、改正連邦弁護士法は、1998年8月31日に公布され、1999年3月1日に施行された[38]。

3　弁護士会社としての要件

前述のように、1998年改正連邦弁護士法によって、有限会社形態による弁護士会社が認められた。連邦弁護士法では、弁護士会社に関する同法59c～59m条に関して、現在に至るまで数度の改正が行われているが[39]、弁護士会社の本質的な部分に関わる改正はなされておらず、今日に至っている。制度導入時点での連邦弁護士法59c～59m条に関する説明は、別稿で述べているので[40]、本章では、2012年現在の法文に基づいて、弁護士会社に関する規制のう

---

34)　Vgl. Henssler, a. a. O. (Fn. 31) 1490.
35)　Entwulf eines Gesetzes zur Änderung der Bundesrechtsanwaltsordnung, der Patentanwaltsordnung und anderer Gesetze, BRats. Drucks. 1002/97.
36)　BT-Drucks. 13/9820, Anl. 2, S. 23 ff.
37)　Henssler, in : Henssler/Prütting, a. a. O. (Fn. 4) Vor §§ 59c ff. BRAO, Rz. 5.
38)　BGBl I S. 2600.
39)　例えば、59j条について、2001年12月13日改正（BGBl I S. 3574）、59m条について、2004年12月9日改正（BGBl I S. 866）、59g条・59h条・59m条について、2007年3月26日改正（BGBl I S. 358）、59e条・59f条・59h条について、2007年12月12日改正（BGBl I S. 2840）、59g条・59h条・59i条・59k条・59m条について、2009年7月30日改正（BGBl I S. 2449）等。

ち、とりわけ、弁護士会社として認められるための要件について、概観することにしたい。

まず、法律事件におけるコンサルティング（助言）および代理を事業目的とする有限会社は、弁護士会社（Rechtsanwaltsgesellschaft）として認可され得る（連邦弁護士法59c条1項）。なお、弁護士会社は、共同的職業活動のための結合に参加することは認められない（同条2項）。

弁護士会社として認められるには、以下の手続き要件を充たす必要がある。

まず、弁護士会社としての認可（Zulassung）が与えられるためには、① 当該会社が、法律事件におけるコンサルティング（助言）および代理を事業目的とする有限会社であって（連邦弁護士法59c条）、社員（同法59e条）や業務執行（同法59f条）に関する要件を充たしていること、② 当該会社が破産状態（Vermögensverfall）に陥っていないこと、③ 職業責任保険（Berufshaftpflichtversicherung）の締結が立証されているか暫定的保証約束（vorläufige Deckungszusage）が存すること、が要求される（同法59d条）。

弁護士会社としての認可の申請には、公証された会社契約（定款）の正本または謄本を添付しなければならない（連邦弁護士法59g条1項）。認可手続には、連邦弁護士法12条1項が準用される（連邦弁護士法59g条3項）。すなわち、認可は、弁護士会が発行した証書（Urkunde）の公布によって効力を発する[41]。

なお、弁護士会社としての認可の申請に係る決定が停止され得るのは、社員または59f条の意味における代表者・代理権者に対して、その認可や任命の取下げまたは取消に向けられた手続きがなされているか若しくは一時的な職務禁止または代理禁止が発せられている場合である（連邦弁護士法59g条2項）。

なお、弁護士会社に対しては、弁護士法の規定による他、その会社形態に係る一般法である有限会社法が適用される。従って、その設立に際しては法定の最低資本金25,000ユーロ（有限会社法5条）が確保されていなければならない（ただし、払込金額について、同法7条2項、有限責任事業会社について、同法5a条

---

40) 丸山、前掲注3）法学新報593-595頁。
41) Henssler, in : Henssler/Prütting, a. a. O. (Fn. 4) §59g BRAO, Rz. 9.

1・2項、後記Ⅳ1参照)。これと並んで注意しなければならないことは、前記③で述べたように、弁護士会社は、職業責任保険に加入することを義務付けられていることである。その保険金額は、各保険事故に対して最低250万ユーロである（同法59条j第1・2項)。

また、有限会社の設立について既に制度化されている一人設立（Einmanngründung）も認められる（有限会社法1条)[42]。すなわち、弁護士一人での弁護士会社の設立も可能とされる。

弁護士会社の社員となり得る者は、まず、弁護士、弁理士、税理士、納税代理人、公認会計士、宣誓帳簿検査人（連邦弁護士法59e条1項1文、59a条1項1文）および外国における同様の資格者（連邦弁護士法59e条1項1文、59a条2項、206条）である。すなわち、2000年3月9日の「ドイツにおけるヨーロッパ弁護士の活動に関する法律」[43]の規定により、同法の適用領域内で開業する資格を有する者やその他の会計士、弁理士などの専門的資格者が挙げられる。これらの者は、弁護士会社において職務活動を行わなければならない（連邦弁護士法59e条1項2文)。また、弁護士であるとともに公証人である者は、その職務活動を弁護士会社の社員として引き受けなければならない（連邦弁護士法59e条1項3文、59a条1項3文)。さらに、連邦最高裁によって認可された複数の弁護士会社は、共同事務所（Sozietät）として活動することができる（連邦弁護士法59e条1項3文、172a条)。

弁護士会社の持分は第三者の計算において保持されてはならず、第三者は弁護士会社の利益に参加することもできない（連邦弁護士法59e条3項)。また、弁護士会社の持分および議決権の過半数は、弁護士が有していなければならな

---

42) Henssler, in : Henssler/Prütting, a. a. O. (Fn. 4), §59e BRAO, Rz. 9. 有限会社における一人設立制度は、1980年有限会社法改正によって導入された。同制度について、丸山秀平「西ドイツ有限会社法における一人設立制度の問題性」中央大学百周年記念論文集（法学部）（1985、中央大学）435頁。

43) Gesetz über die Tätigkeit europäischer Rechtsanwälte in Deutschland vom 9. März 2000 (BGBl. I S. 182, 1349).

い（連邦弁護士法59e条2項）。

　弁護士会社は有限会社形態をとっている以上、会社債務についての責任は、法人としての会社財産の範囲に限定されている（有限会社法13条2項）。

　弁護士会社は、弁護士によって責任あるものとして遂行されなければならず、取締役の過半数は弁護士でなければならない（連邦弁護士法59f条1項）。

　弁護士会社は、訴訟代理人として事務を委託され、弁護士としての権利義務を有するが、刑事訴訟法（Strafprozeßordnung）137条以下の意味における弁護人（Verteidiger）は、弁護士会社のために行為する自然人でなければならない（連邦弁護士法59l条1・2項）。

　弁護士会社の社員および法律または定款で定めた監督機関の構成員には守秘義務（Verschwiegenheitspflicht）が課せられている（連邦弁護士法59n条3項）。

　弁護士会社の商号には、「弁護士会社"Rechtsanwaltsgesellschaft"」という表示がなければならない（連邦弁護士法59k条1項）。許可された弁護士会社でない者は「弁護士会社」という表示を用いてはならない（連邦弁護士法59k条2項1文）。これとともに弁護士会社が有限会社形態をとっている以上、有限会社としての略号（mbH）も表示しなければならない[44]。なお、1999年3月1日時点で既に「弁護士会社」という表示を用いており、法形式の指示を付加していた職業上の結合体は、その表示を継続することができる（連邦弁護士法59k条2項2文）。

　また、弁護士会社は、その所在地に事務所（Kanzlei）を維持しなければならず、事務所では、その職務活動の中心点が事務所のために形成される少なくとも1名の業務執行を行う弁護士が責任をもって活動しなければならない（連邦弁護士法59i条）。

　弁護士会社が、連邦弁護士法に定められている各要件を充たさないときに

44）　以前の規定では、「弁護士である社員少なくとも1名の名前および『弁護士会社』という表示がなければならない」とされていた。そこで、例えば、"Dr. Reinhard Toegel Rechtsanwaltgesellschaft mbH" という商号が使用されていた。これに対して、現在は、"KPMG Rechtsanwaltsgesellschaft mbH" 等の商号が見受けられる。

は、認可が取り消される場合がある。例えば、連邦弁護士法 59c 条（事業目的）、59e 条（社員資格）、59f 条（業務執行）、59i 条（事務所）、59j 条（職業責任保険）に係る要件を充足しておらず、当該弁護士会社が、弁護士会が定めた期間内に当該法規に見合う状況をもたらさない場合には、認可が取り消される（連邦弁護士法 59h 条 3 項 1 文）。相続がなされたことによって、連邦弁護士法 59e 条 1・2 項の要件が欠けた場合には、前記期間は、相続の時点から少なくとも 1 年間とされる（連邦弁護士法 59h 条 3 項 2 文）。また、① 弁護士会社が許可に基づく権利を弁護士会に対して文書で放棄した場合、② 弁護士会社が破産状態に陥っており、それによって法的な助言を求める者（Rechtsuchende）の利益が害されないことがないときにも、認可が取り消される（連邦弁護士法 59h 条 4 項 1・2 号、14 条 2 項 7 号）。

III 弁護士株式会社（Rechtsanwalts‒AG）

1　2000 年 3 月 27 日バイエルン上級地方裁判所決定

1998 年の弁護士法改正によって有限会社形態による弁護士会社が認められたが、有限会社形態以外の会社形態によって弁護士法人を設立することができるか否かの問題は未解決のままで置かれていた。実際に、1995 年以降、税理士および公認会計士は、共同の職業活動に対して、その都度、人的会社（商法典 105 条以下により合名会社・商法典 161 条、105 条以下により合資会社・1995 年から、パートナーシャフト会社法（Partnerschaftsgesellschaftsgesetz : PartGG）1 条以下によりパートナーシャフト会社）のみならず、資本会社（株式法 1 条以下により株式会社・株式法 278 条、1 条以下により株式合資会社・有限会社法 1 条以下により有限会社）の形態で結合できるものとされ、税理士および公認会計士の許でのコンサルティング会社の形成は特別法で規制されている（税務助言法（Steuerberatungsgesetz : StberG）[45]）49 条以下、公認会計士法（Gesetz über eine Berufsordnung der Wirtschafts-

---

45) Ursprüngliche Fassung vom 16. August 1961 (BGBl. I S. 1301), Neubekanntmachung vom 4. November 1975 (BGBl. I S. 2735).

prüfer : WPO)[46]、27 条以下)。弁護士有限会社も、同様に、1998 年改正連邦弁護士法により、特別に規準化されているが (連邦弁護士法 59c 条以下)、これに対して、弁護士株式会社は、これまで、規準化されておらず[47]、前記Ⅱ2の連邦弁護士法改正に係る政府草案の理由書においても、弁護士会社として有限会社以外の他の会社形態、とりわけ株式会社が許容されるかの問題については何も述べていない[48]。しかし、前記連邦弁護士法改正の前に既に、弁護士株式会社への展開を示唆していた見解があったことに留意しておかなければならない[49]。

この問題についても能動的な役割を果たしたのは、裁判所であった。すなわち、2000 年 3 月 27 日、バイエルン上級地方裁判所は、株式会社形態での弁護士共同事務所を認める旨の決定をなした[50]。

同決定に至る経緯は以下の通りである。すなわち、1998 年 10 月 22 日に「… Rechtsanwalts-AG」(…弁護士株式会社) という名称での登記申請がなされた。1999 年 2 月 15 日、ニュルンベルグ区裁判所は、申請された前記商号は認められないとする中間処分をなした[51]。この処分に対して公証人からの抗告がなされたが、1999 年 9 月 28 日ニュルンベルク・フューズ地方裁判所はこの抗告を却けた[52]。これに対して申請会社の取締役から再抗告がなされたのである。

バイエルン上級地方裁判所は、まず以て、株式会社の商号には、「Aktiengesellschaft」または一般的にその略称と理解されている表記「AG」が含まれな

---

46) Ausfertigung vom 24. Juni 1961 (BGBl. I S. 1049).
47) Sorika Pluskat, Triumpf oder Niederlage für die Anwaltschaft?, AnwBl. 2005. 609.
48) Die Begrüdung des Regierungsentwurfs zum BRAOÄndG, BT-Drucks. 13/9820, S. 11.
49) Römermann, Entwicklung und Tendenzen bei Anwaltsgesellschaften, 1995 S. 183ff. ; Henssler, Organisatioifreiheit für die Anwaltschaft, in : Zweite Max-Hachenburg-Gedächtnisvorlesung 1996, 1997, S. 13, 20 ff. ; ders. : in Henssler/Prütting, a. a. O. (Fn. 4). Vor §§ 59c ff. BRAO, Rz. 16.
50) BayObLG, 3. Zivilsenat, Beschluss vom 27. 3. 2000, 3Z BR 3 331/99 ; NJW 2000, 1647.
51) AG Nürnberg, 15. Februar 1999, Az : 6 b AR 595/99.
52) LG Nürnberg-Fürth, 28. September 1999, Az : 4 HKT 5782/99.

ければならないとする株式法 4 条に基づき、「…RechtsanwaltsAG」という商号は、許容されるとした。

このことは、ニュルンベルク・フューズ地方裁判所が、「…Rechtsanwalts-AG」という商号名称を申請資格なきものとしたニュルンベルグ区裁判所の判断を正当であるとした理由に関連している。同地方裁判所は、前記名称の「…」の部分を業務取引に用いることが、連邦弁護士法 9 条および競争制限法 1・3 条に反するとして、その使用を禁じた判決を持ち出し、「…」という架空な文字の使用を有効に禁じたことで、本件の商号の下での登録申請は認められないことになるとしたのである。

これに対して、バイエルン上級地方裁判所は、まず、前述のような株式法 4 条に加え、商法典 18 条の商号形成について、同規定は株式法 3 条との関係で商法典 6 条に従い、事業目的が商業（Handelsgewerbe）にはない株式会社にも適用され、それによって、架空商号（Fantasiefirma）も許されると述べたうえ、商号は、識別力を有さねばならず（商法典 18 条 1 項）、申し立てられた取引分野にとって本質的な業務関係について惑わすに足る記載は必要ではない（商法典 18 条 2 項）、この原理は弁護士株式会社の商号にも妥当すると判示した[53]。従って、本件で、「…Rechtsanwalts-AG」という商号のうち、「…」の部分は、架空名であってもよいことになる。

次に、同上級地方裁判所は、とりわけ、改正弁護士法は、有限会社の形態での弁護士の結合について規制しているだけであり、株式会社形態によるものを規制している訳ではなく、株式会社形態によるものを禁止するものでもないとしている。すなわち、同上級地方裁判所は、当時の法状況として、弁護士株式会社を許容する見解が支配的であることを示したうえ、申請人はドイツに定住する法人として基本法 12 条 1 項により、同条と一致する法規制がこれを禁じていない限り、自由な職業選択の権利を有するとして、先の 1994 年 11 月 24 日バイエルン上級地方裁判所決定や 1993 年 11 月 25 日連邦最高裁判決さらに

---

53) Gründe II. (Rn. 7-8).

は前記連邦弁護士法政府草案理由書を持ち出し、本件でも禁止規制がない以上、株式会社という形態での弁護士の結合が認められると判示したのである[54]。

同決定は、弁護士株式会社を肯定する具体的契機となった点で積極的に評価されている。しかし、「弁護士株式会社」が登記し得るものとされたとしても、登記された弁護士株式会社が、連邦弁護士法によって既に許容されている有限会社形態による弁護士会社と同様の法規制に服すべきか否かは、同決定の範囲ではなお明らかにされていなかった[55]。

2 立法提案

この点で、更なる立法上の検討が望まれており[56]、既に弁護士サイドから具体的な提案もなされていた[57]。これは、ドイツ弁護士会の専門委員会による提案であるが、同提案によれば、株式会社形態による弁護士会社に相応する法規制がなされるべきであるとされ、株式会社形態の外、株式合資会社形態による弁護士会社も許容されるべきであるとされたうえ、相応する弁護士法再改正の試案が提示されていた[58]。

---

54) Gründe II. (Rn. 9).
55) Kempter./Kopp, Die RechtsanwaltsAG eine Anwaltsgesellschafts sui generis außerhalb des anwaltlichen Berufsrechts?, NJW 2000, Heft 47 S. 3449. 3452 ; Holger Grams, Möglichkeiten der Haftungsbeshränkung für Rechtsanwälte (2. Teil), AnwBl 5/2001 S. 292, 295.
56) Kempter./Kopp, a. a. O. (Fn. 55) S. 3452 ; Grams, a. a. O. (Fn. 55) S. 295.
57) Joachim Freherr (Berichterstatter), Vorschlag des Berufsrechtausschusses und Sozietätsrechtsausschusses des Deutschen Anwaltsvereins für eine gesetzliche Regung der Rechtsanwaltsaktiengesellschaft, AnwBl 3/2001 S. 158、なお、株式会社としての弁護士会社の定款に関し、Kempter/Kopp, Hinweise zur Gestaltung der Satzung einer Rechtsanwalts-AG, NJW 2001, S. 777.
58) Freherr, a. a. O. (Fn. 57) S. 158, 159 では、連邦弁護士法 59c 条 1 項を「法律事件におけるコンサルティング（助言）および代理を事業目的とする有限会社、株式会社および株式合資会社は、弁護士会社として認可され得る」と改正すべきであるとの提案がなされていた。

3 2004年3月11日連邦財政裁判所判決

　弁護士株式会社の許容を前提に、その訴訟代理を肯定した連邦財政裁判所（Bundesfinanzhof: BFH）2004 年 3 月 11 日判決[59]は、前記バイエルン上級地方裁判所決定を更に一歩前に進めたものと位置づけることができる。

　同決定に至る経緯は次の通りである。すなわち、原告は、2000 年 11 月に同人の妻とともに財政官署（Finanzamt）（被告）に、1998 年の同人の所得税債務の分割（Aufteilung）を申告した。2000 年 11 月の分割の決定によって前記申告は認められた。その際、分割額の 100％が原告に及んだ。原告は、異議を申し立てたが却下されたので、前記分割決定に対する訴訟を提起した。2000 年 12 月、財政官署は、原告に対して、S の許にある同人の口座への差押え・取立処分を発した。原告は、これに対して異議を申し立て、これを 1977 年公課法（Abgabenordnung: AO）277 条による執行禁止の存在によって理由付けた。この異議が却けられたので、原告は、取消訴訟を提起したが、前記差押え・取立処分の取消の後、同人はこれを継続的確認訴訟に転換し、同人は 2000 年 12 月の差押え・取立処分の違法性の確認を求めた。ケルン財政裁判所は、この訴えを棄却し、上告を認めなかった[60]。原告の不許可抗告に基づき、連邦財政裁判所は、最終的に、差押え処分ではなく、取立処分について上告を認めた[61]。財政裁判所法（Finanzgerichtsordnung: FGO）116 条 7 項により上告手続として継続された手続きにおいて、原告の代理人となったのは、株式会社の法形式をとった弁護士株式会社であったが、原告の上告を理由付けるために写しとして添付された不許可抗告および連邦財政裁判所の許可決定、並びに、確認の利益に関して同様に写しとして添付された前記財政裁判所に提出した書面および前記財政官署が争わなかった原審判決における反復の危険に関する説明書が提出された。原告は、取り消された判決の破棄および取り消された取立処分の違法性の

---

59) BFH/NV 2004, 224 ; BFH NJW 2004, 1974 ; GmbHR, 2004, 1105.
60) FG Köln vom 26. Juni 2002 14 K 3037/01 (EFG 2003, 1059).
61) BFH/NV 2003, 1063.

確認を同様に求めた[62]。

　以上の経緯の結果として、原告の申立は認められた。

　連邦財政裁判所は、まず、株式会社という法形式での弁護士法人も連邦財政裁判所での代理人資格を有する者として考慮されるとしたうえ、それ以外の理由も付して[63]、原告の上告を認めているが、本章では、以下に、株式会社という法形式での弁護士会社による訴訟代理を認めた理由付けを紹介したい。

　すなわち、税務助言法3条3号に関連する財政裁判所法62a条2項によれば、弁護士会社も、それが、事件において登場する弁護士と同様、財政裁判所法62a条1項に関連する税務助言法3条1号により税務事件において業務に適った援助を行うとともに連邦財政裁判所での代理権限を有する個人を通じて活動している場合には、連邦財政裁判所での代理権限を有している。弁護士会社の法形式は、財政裁判所法62a条2項で規定されていない。それ故、株式会社の法形式をとる弁護士会社も、連邦財政裁判所での代理人資格を有する者として考慮される[64]。財政裁判所法の新たな62a条に対する立法者の理由書も、株式会社に対する何がしかの制限をすることなく、「将来は、税務事件における援助のための（完全な）権限を有する職業会社も連邦財政裁判所での代理人資

---

[62]　BFH NJW 2004, 1974.

[63]　それ以外に連邦財政裁判所は、上告の手続きに適った理由付けのためには、上告の理由付けが（写しとして添付された不許可抗告の理由付けおよび理由を付し）ディバージョンを理由に上告を認めた連邦財政裁判所の決定に関連づけられる場合、不許可抗告の理由付けは、その内容によれば、上告の理由付けとして十分であり、連邦財政裁判所は、その許可決定において、咎められたディバージョンの存在を肯定したことで、十分であるとした。また、1977年公課法277条による執行禁止について、同条による連帯債務者それぞれの保護効果は、分割の申立が未だ取り消しうるものと決定されていない場合に及ぶのであり、取立のような換価措置は、当該連帯債務者が前記保護効果を受けるに値するか否かに関係なく、分割の決定が確定して初めて許容されるものであるとしている。

[64]　Entscheidungsgrüde 1 a) (Rn. 10), BFH/NV 2004, 224 ; Gräber/Koch, Finanzgerichtsordnung, 5. Aufl. 2002, § 62a Rz. 10 ; Dumke, in Schwarz, Finanzgerichtsordnung, 2. Aufl., § 62a Rz. 18.

4 連邦最高裁 2005 年 1 月 10 日決定

前記 3 の連邦財政裁判所判決に引き続き、連邦最高裁は、2005 年 1 月 10 日、株式会社の法形式での職業活動を認める旨の決定を下した[66]。

同決定に至る経緯は次の通りである。すなわち、2000 年 9 月 20 日に設立された「DWP 弁護士有限会社」は、2001 年 1 月 19 日に商業登記簿に登記され、同年 3 月 11 日に、連邦弁護士法 59c 条による弁護士会社として許可された。同年 9 月 27 日の社員総会の決議に基づき、同社の形式交替の方法による組織変更によって「DWP 弁護士株式会社」が成立し、2002 年 1 月 14 日商業登記簿に登記された[67]。

同社の定款には、事業目的として以下の定めがあった。すなわち、事業目的は、弁護士による職業活動に属する委任の引き受け（弁護士の受任）、当社に雇われた弁護士のみによる、その職務法および職務上の義務を遵守しつつなされる、自己責任で独立且つ命令から自由な業務の執行であり、その業務執行に対し、当社は、必要な人的、物的、空間的前提を用立てると共に、関連する業務を行う。更に、当社は、社員の職務および権限の範囲内での共同の職務執行という会社目的のために必要な措置を実施することができる。また、当社に雇われた他の業種の職員がその固有の業務権限の範囲内で行う職業活動も、弁護士が職務法に従い共同の業務活動に関連づけることができるものであれば、事業目的となる。なお、公証人としての職権の行使は、事業目的には属さない。このことは、弁護士である公証人の副業である公証人の職務にも妥当する（連邦公証人法（Bundesnotarordnung：BNotO）[68] 3 条 2 項）[69]。

---

65) Entscheidungsgrüde 1 a) (Rn. 10),BT-Drucks. 14/4061, S. 8.
66) Beschluss vom 10. 1. 2005, BGHZ 161, 376.
67) Gründe I. (Rn. 1).
68) im Bundesgesetzblatt Teil III, Gliederungsnummer 303-1.
69) Gründe I. (Rn. 3-6).

被申請人は、2002年6月18日の申請人に対する処分によって、「DWP弁護士有限会社」に与えられた弁護士会社としての認可を取消した。同日付の更なる決定によって被申請人は、申請人によって予備的に申し立てられた、株式会社の法形式で弁護士会社として新たに認可されたいとの申請を拒絶した[70]。

　弁護士最高裁判所（Anwaltsgerichthof）[71]は、上記の申請を裁判所の判断に差し戻した[72]。これに対して申請人の即時抗告がなされた。同人は、同人に有限会社として与えられた職業法上の許可は同社の株式会社への形式交代後も継続すると主張した[73]。申請人は、認可の取消が正当であるとされた場合のために、予備的申請によって、新たな法形式での弁護士会社としての認可を求める旨の請求を行った[74]。連邦最高裁弁護士部（Senat für Anwaltssachen）は、従来の認可継続に係る本案と新たな認可に係る予備役請求を併合して審理した[75]。

　以上の経緯の結果として、申請人の前記即時抗告は認められたものの（連邦弁護士法42条1項3号、4項）、本案は、成功裏にはいかなかった。申請人の弁護士会社としての職業法上の認可は、被申請人によって会社の形式交替の後取り消されたことは正当なものとされた。

　すなわち、連邦弁護士法59h条3項によれば、弁護士会社としての職業法上の認可は、とりわけ、当該弁護士会社が同法59c条の要件をもはや充たして

---

70) Gründe I. (Rn. 33).
71) 弁護士最高裁判所については連邦弁護士法100条以下に規定されている。その前提として、弁護士裁判所（Anwaltsgericht）に関する規定が、同法92条以下に規定されている。すなわち、弁護士裁判所は、各弁護士会の管轄区域（Bezirk）ごとに設けられ（連邦弁護士法92条1項）、州司法行政局の監督下に置かれる（同3項）。これに対し、弁護士最高裁判所は、上級地方裁判所の許で設けられる（同法100条1項1文）。弁護士最高裁判所も、州司法行政局の監督下に置かれるが（同2文、92条3項）、認可に関わる案件や上訴案件を扱う権限を有している（同法37条、142条、143条）。
72) BRAKMitt. 2003, 186.
73) AnwZ (B) 27/03.
74) AnwZ (B) 28/03.
75) Gründe I. (Rn. 34).

いない場合には、取り消されなければならない。このことは申請人の場合に当てはまる。申請人は、連邦弁護士法59g条1項が弁護士会社としての認可のために求めているような弁護士有限会社ではもはやないとしたのである[76]。

もっとも、本決定による取消が、申請人が組織変更法（UmwG）190条以下による形式交替によってその法形式を変更したことに反対している訳ではない。形式交替による変更が同一性を維持する性質を有していたにも拘わらず申請人が職業法上の認可の取り消し資格があるとされたのは、認可が人的に関係づけられた要件に依拠していたからであり（とりわけ、連邦弁護士法59e条、59f条）、その要件の存続は会社の形式交替に際してはもはや担保されていないことになる。それ故、与えられた認可は、組織変更に際しては、自動的に移行せず、新たに与えられなければならないとされている[77]。

以上のように、本決定では、申請人の得た認可は形式交替による要件欠缺により取り消されるべきものとされているが、他方、新たな法形式での弁護士会社としての認可を求める予備的申請は、認められており[78]、この点が本章との関係で、連邦最高裁レベルでの弁護士株式会社の認容として評価されることとなる。

本決定によれば、申請人は、株式会社としてのその新たな法形式においても、弁護士会社として認可されるよう請求することができるとしている。このことは、勿論、連邦弁護士法から直接明らかにされるものではない。というのは、同法59c条以下では弁護士会社としての株式会社の認可を規定していないからである。それにも拘わらず、株式会社も、それが連邦弁護士法59c条以下の規定に依拠（Anlehnung）して弁護士会社としての資本会社の認可のための本質的要件を充たしている限り、同様の趣旨の請求権を有している。ただ、このことは、より高度の法、基本法12条1項および3条1項の結果として生ずる

---

76) Gründe II. (Rn. 36).
77) この点で、本決定で、以下の先例が引用されている、BFH, Beschluß vom 3. Juni 2004 – IX B 71/04, GmbHR 2004, 1105 = BFH/NV 2004, 1290. in : Gründe II. (Rn. 37).
78) Gründe III (Rn. 38).

とされる[79]。

　基本法12条1項に関し本決定によれば、株式会社は私法上の法人として基本法12条1項により自由な職業選択の基本権を有しているとされる。このことから、弁護士の職業活動に属する委任を引き受ける株式会社の権利は、そのような活動が基本法12条1項に一致するような規制によって当該会社に禁じられていなければ、生ずるとする。というのは、株式会社が弁護士活動の委任を引き受けることができるか否かの評価にとって、その活動を認める制定法規定があるかは問題にならないとしたうえ、先例としての1993年11月25日の歯科治療有限会社に関する判決[80]を引用しつつ、逆に、検証すべきことは、相応する職業活動を禁ずる法規定が存するか否かであり、もしそのような規定が存した場合には、その限りで、当該規定が基本法12条と一致するか否かということだけであるとする（前記Ⅱ1(2)）。そして、弁護士としての業務遂行の分野での株式会社の活動を禁ずる制定法上の規定が存しないことから、その種の活動は基本的に許容されるとしたのである[81]。

5　弁護士株式会社としての要件

　前記Ⅱ3で述べたように、連邦弁護士法59c〜59m条は、有限会社としての弁護士会社について要件を定めている。それでは、本節4で紹介したように、連邦最高裁が弁護士株式会社の存在を認め、現実に、弁護士株式会社が活動していることに鑑み、弁護士株式会社に対しても有限会社としての弁護士会社と同様の規制を及ぼしてよいかについて検討しなければならない。

　これまで論じたところから確認することができるものは、まず、本節Ⅲ1の2000年3月27日バイエルン上級地方裁判所決定が、弁護士株式会社としての

---

79)　Gründe III (Rn. 39).
80)　BGHZ 124, 224 = ZIP 1994, 381.
81)　Gründe III (Rn. 40), vgl. BayObLG, NJW 2000, 1647 ; Henssler in : Henssler/Prütting, a. a. O. (Fn. 4). Vor §§ 59c ff. BRAO, Rz. 18 f., Feuerich/Weyland, BRAO, 6. Aufl., C. H. Beck 2003, § 59 a Rdnr. 34 und § 59 c Rdnr. 8.

商号について、「…Rechtsanwalts-AG」という商号を許容したことである[82]。既に論じた通り、有限会社としての弁護士会社の商号については、連邦弁護士法59k条の規定が適用され、弁護士会社の商号には、「弁護士会社 "Rechtsanwaltsgesellschaft"」という表示がなければならない（連邦弁護士法59k条1項）としており、また、弁護士会社が有限会社であれば、それに見合う略称（mbH）も付記することが求められる。この点で、弁護士株式会社については、連邦弁護士法59k条の規定の適用可能性は否定されることになる[83]。

　続いて、本節4の連邦最高裁2005年1月10日決定が、認可の要件について、株式会社も、それが連邦弁護士法59c条以下の規定に依拠（Anlehnung）して弁護士会社としての資本会社の認可のための本質的要件を充たしている限り、同様の趣旨の請求権を有しているとしつつも、このことは、より高度の法である基本法12条1項および3条1項の結果として生ずると述べている[84]点に注意しなければならない。このことは、認可の要件について、連邦弁護士法59c条以下の規定は、弁護士株式会社の認可についても、直ちに（類推）適用されるのではなく、基本法12条1項および3条1項の趣旨を踏まえて、（類推）適用可能性を考慮すべきであると解されることになる。このことは、前記バイエルン上級地方裁判所決定では明らかにされておらず、前記連邦最高裁決定で初めて明らかにされている点で、重要なことである。

Ⅳ　有限責任事業会社制度の創設と弁護士有限会社

1　有限責任事業会社制度

　有限責任事業会社（Unternehmergesellschaft）とは、その処分可能な基本資本が25,000ユーロ（通常の有限会社の最低基本資本額、有限会社法5条1項）を下回

---

82) BayObLG, Beschluss vom 27. 3. 2000, (Fn. 50) NJW 2000, 1647, Gründe II. (Rn. 7-8).
83) Henssler, in : Henssler/Prütting, a. a. O. (Fn. 4). Vor §§ 59c ff. BRAO, Rz. 22.
84) Beschluss vom10. 1. 2005, (Fn. 66) BGHZ 161, 376, Gründe III (Rn. 39) (Fn. 79).

っている有限会社のことである[85]。2008年の有限会社法改止法の政府草案に関する公の理由書によれば、有限責任事業会社は、特種の会社形態ではなく、有限会社という法形式の「変形（Variante）」であるとされている[86]。有限責任事業会社に関する有限会社法5a条第1項によれば、有限責任事業会社は、法形式の付加語として、「Unternehmergesellschaft（haftungsbeschränkt）」または「UG（haftungsbeschränkt）」のいずれかの標識を選択しなければならない[87]。

有限責任事業会社は、「変形」であるとしても有限会社である。それ故、有限責任事業会社には、有限会社法5a条で明らかに掲げられている特別性の例外を伴うけれども、原則として、有限会社法のすべての規定が適用される[88]。

なお、有限責任事業会社は有限会社法2条1a項によるひな形書式（Musterprotokoll）を使う簡易な手続きによっても[89]、従来から認められていた公証人に

---

85) Füller, in : Ensthaler/Füller/Schmidt, Kommentar zum GmbH-Gesetz, 2. Aufl., S. 102 (Rdn. 1). 有限責任事業会社制度の導入に関しては、丸山秀平「ドイツにおける有限責任事業会社制度の創設とその評価」日本比較法研究所60周年記念論文集（2011、日本比較法研究所）795頁以下（本書第1章）、また、設立に関する法規制に関しては、同「有限責任事業会社の設立」龍谷法学43巻4号339頁以下（本書第2章）。

86) Entwurf eines Gesetzes zur Modernisierung des GmbH-Rechts und zur Bekämpfung von Missbräuchen (MoMiG)（以下「Reg-Begr., MoMiG」とする。）, BT-Drs. 16/6140 S. 31.

87) 前掲注86）の理由書によれば、付加語は、公衆が、問題となっている会社が非常に少ない基本資本しか装備していないということについて思い違いをしないようなものでなければならない。その限りで（haftungsbeschränkt）という付加語をさらに略記することは認められない（Reg-Begr., MoMiG, BT-Drs. 16/6140 S. 31.）。例えば haft. – beschr. または haftungsbeschr. のような推定的な略記も許されない（Minras, in : Michalski (Hg.) GmbH-Gesetz Bd. 1, S. 788, 806 (Rdn. 60)）。

88) Minras, in : Michalski, a. a. O. (Fn. 87), S. 792 (Rdn. 4). 税務上もこれまでの有限会社と同様に取り扱われる。

89) 「ひな形書式」は、有限会社法の附表（Anlage）とされており、最大3名の社員および1名の業務執行者を有する会社の設立であれば、有限責任事業会社のみならず、通常の有限会社であっても利用することができる（Siebert/Decker, Die GmbH-Reform kommt!, ZIP 2008, S. 1208, 1209.）。

よる認証の方法によっても設立することができる[90]。また、有限責任事業会社は、有限責任合資会社（GmbH & Co. KG）の無限責任社員になることもできる。

2　弁護士有限会社としての有限責任事業会社

前記 1 で述べたように、有限責任事業会社も、「変形」ではあるが、有限会社である以上、弁護士有限会社を認める連邦弁護士法の規定が適用される弁護士会社となることができるか否かが問題となる。また、このことが肯定されたとしても、弁護士会社としての有限責任事業会社と従来の弁護士有限会社とで具体的にどのような違いがあるのかも検討されなければならない。

この点で、まず、Henssler は、有限責任事業会社も弁護士会社となり得るとの見解を明らかにしている。すなわち、有限責任事業会社は、新たな法形式ではなく、一定の最低資本金のない有限会社であり、連邦弁護士法 59c 条以下に従い、弁護士会社として設立することができるとしている[91]。有限責任事業会社が通常の有限会社と比べて、少額の資本で設立できることについても、先に述べたように、弁護士会社であれば、職業責任保険に加入しなければならず、その保険金額は、各保険事故に対して最低 250 万ユーロである（連邦弁護士法 59 条 j 第 1・2 項）から、顧客は、通常の有限会社と同様の保護を受けることには変わりはないとしており[92]、さらに、連邦弁護士法 59k 条の商号に関する義務も職業法上の認可に反するものではないとしている[93]。

また、弁護士界からの反応として、Römermann も同様に、有限責任事業会

---

[90]　Wicke, GmbHG Kommentar, S. 67 によれば、有限責任事業会社が通常の有限会社に進む道は「一方通行（Einbahnstrasse）」であり、逆行、すなわち、通常の有限会社が資本を 25,000 ユーロ未満に減少することによって有限責任事業会社になることは許されていないとする（Lutter, in : Lutter/Hommelhof, GmbH – Gesetz 17Aufl., Dr. Otto Schmidt 2009, S. 245 も同旨。）。

[91]　Henssler, : in Henssler/Prütting, a. a. O. (Fn. 4) § 59c Rz. 3.

[92]　Henssler, in : Henssler/Prütting, a. a. O. (Fn. 4) § 59c Rz. 3 ; ders. in : Henssler/Streck, Handbuch Sozietätsrecht, D Rz. 13.

[93]　Henssler, in : Henssler/Prütting, a. a. O. (Fn. 4) § 59c BRAO, Rz. 3.

社が弁護士会社にとっても認められる法形式であると述べている[94]。すなわち、有限責任事業会社については、有限会社法5a条で規律されていること以外の特別性（Besonderheit）はないので、この新たな法形式「変形」も直ちに複数の弁護士にとっても認められるとする。

ただ、有限責任事業会社の特別性に関し、実務的に問題となる点としてRömermannが掲げたことは、(1)基本資本との関係で設立のために必要な費用を考慮しなければならないこと、(2)現物出資が認められないこと、(3) 定められた付加語を商号中に含めなければならないこと、(4)準備金の積立義務との関係で、取締役の報酬が高額になることを防ぐこと、等である。他方、連邦弁護士法上の弁護士会社の名称に付せられている「有限責任会社（Gesellschaften mit beschränkter Haftung）」という表記には有限責任事業会社も含まれ、弁護士会社となるためには連邦弁護士法59c条による認可と並んで、当局による「許可（Genehmigung）」が必要であるが、認可のためには、有限責任事業会社であっても、認可について連邦弁護士法の定める要件を充足しなければならないし、名称については、連邦弁護士法59k条に従い「Rechtsanwaltsgesellschaft」という表示を含まなければならないとする。

最終的に、Römermannは、設立を望んでいる弁護士は、法形式の選択に伴うマーケッティング効果を考慮しなければならず、有限責任事業会社は、初めは、イギリスのLimitedと同様に見られるが、これは、信用不足となり事務所の「資本」欠損となりかねないし、設立の予算が25,000ユーロ以下でやって行けることがないのであれば、有限責任事業会社について経済的見地から見てあまり効果はないとしている。ただ、「居間（Wohnzimmer）」における事務所の設立、すなわち、最少の費用での設立が、有限責任事業会社としての有効な責任制限のために企てられ、このように設立した弁護士がこのことを依頼人にとってマーケッティングのメリット以上に役立つと解することまで排除する訳で

94）　Römermann, Die Anwalts-Unternehmergesellschaft (haftungsbeschränkt) AnwBl. 2009, 131.

はないとしている[95]。

　続いて、有限責任事業会社が、組織形態として、弁護士にとって魅力的なものかについて、調査の結果を示したのが、HommerichおよびKilianである[96]。前記調査によれば、問い掛けをした弁護士の17％が、有限責任事業会社の設立のための具体的計画がなくとも、この種の組織形態を考慮に入れているとの結果を明らかにしたうえ、有限責任事業会社に対する弁護士の興味はそれほど大きいものではないが、基本的に有限責任事業会社を拒まないとした弁護士集団の量もごく僅か（*quantite negligable*）という訳ではなく、有限責任事業会社に特別に興味を持っているかそうでなければ懐疑的な立場に立っている集団はさまざまな考察に際して確認されてはいないことは注目すべきであるとしている[97]。なお、以上の点について、後記第7章4を参考されたい。

V　まとめに代えて

　本章では、冒頭で明らかにした2つの課題、すなわち、その1つは、有限会社と同様に株式会社の形態を弁護士が共同して利用できるかという点、今1つは、有限会社法改正法によって認められた有限責任事業会社も弁護士会社として利用できるかという点について、それぞれドイツにおける法状況を検討した。

　まず、前者の点では、前記IIIで論じたような、2000年3月27日バイエルン上級地方裁判所決定から2004年3月11日連邦財政裁判所判決そして連邦最高裁2005年1月10日決定に至る判例法の発展によって、弁護士株式会社が肯定されるに至った展開が明らかになった。ただ、その底流には、前記IIで論じた1994年11月24日バイエルン上級地方裁判所決定およびその理論的基盤とさ

---

95)　Römermann, a. a. O. (Fn. 94) S. 132.
96)　Hommerich/Kilian, Berufsausübung in der haftungsbeschränkten Unternehmergesellschaft, AnwBl. 2009, 861.
97)　Hommerich/Kilian, a. a. O. (Fn. 96) S. 862.

れる連邦最高裁 1993 年 11 月 25 日判決の存在があったことは否定できない。いずれにせよ、弁護士株式会社が肯定されるにせよ、それが連邦弁護士法上明文化されていないことで、既に法文化されている有限会社としての弁護士会社と全く同一の扱いを受けるかについては、なお、解釈論のみならず立法論として調整の余地が残されていることは確かである。

　続いて、後者の点は、前者とは異なり、判例ではなく、学説および改正法の立法者の見解から、有限会社としての弁護士会社には、当然に、有限会社の変形としての有限責任事業会社も組み込まれることについては異論無きことが明らかにされた。ただ、このことを前提としたうえで、弁護士会社として有限責任事業会社を利用できることが、利用者である弁護士にとってどの程度のメリットがあるかについては、現在のところ、好意的な論評が多いとは必ずしも言えないものの、利用が排除されてはいない状況にあると言えよう。

第 6 章
パートナーシャフト有限職業責任会社の導入

I　はじめに

　ドイツでは、2013 年 7 月 19 日にパートナーシャフト会社法[1]（Partnerschaftsgesellschaftsgesetz；PartGG）の改正法[2]が施行された。同改正法によって導入されたのが、従来のパートナーシャフト会社とは異なる責任体系と名称を伴ったパートナーシャフト有限職業責任会社（Partnerschaftsgesellschaft mit beschränkter Berufshaftung）である。

　本章では、前記改正法の内容、とりわけ、パートナーシャフト有限職業責任会社の責任体系の内容、その法形式および使用する名称について検討し（II・III）、併せて、パートナーシャフト有限職業責任会社のパートナーシャフト登記簿への記載内容に関する判断が下されたニュルンベルク上級地方裁判所の決定を紹介し（IV）、パートナーシャフト有限職業責任会社に関わる新たな法状況の一端を明らかにしたい。

　本論の執筆目的についてさらに 2 つの点を付言したい。まず以て、筆者の研究テーマに関わり、先に執筆した別稿（本書第 5 章）では、ドイツ連邦弁護士

---

1) Gesetz über Partnerschaftsgesellschaften Angehöriger Freier Berufe (Partnerschaftsgesellschaftsgesetz – PartGG) vom 25. 7. 1994 – BGBl. I S. 1774.
2) Gesetz zur Einführung einer Partnerschaftsgesellschaft mit beschränkter Berufshaftung und zur Änderung des Berufsrechts der Rechtsanwälte, Patentanwälte, Steuerberater und Wirtschaftsprüfer vom 15. 07. 2013, BGBl. I S. 2386.

法（Bundesrechtsanwaltsordnung）[3]に基づく弁護士会社（Rechtsanwaltsgesellschaft）について論じた[4]。同稿では、その論述目的が主に資本会社形式を利用した弁護士組織にあったことから[5]、弁護士会社と並び弁護士も利用できる自由業者のための組織形態としてのパートナーシャフト会社に関する論述は殆どなかった。しかし、ドイツの現実において、弁護士の職務に関してみれば、弁護士会社という法形式よりもパートナーシャフトという法形式が遙かに多く利用されている[6]。そこで、筆者としては、実際の利用度の点で相対的に重要性を有するパートナーシャフトという法形式について本論で論述する必要に迫られた次第である。加えて、上記のように、パートナーシャフト有限職業責任会社に係る新たな法状況が生じていることと関連して、筆者による別稿（本書第 4 章）[7]で取り扱った有限責任事業会社（Unternehmergesellschaft）の商号およびその付加語に関わる問題が、パートナーシャフト有限職業責任会社に対してどのように位置づけられるのかについてもできる限り明らかにする必要があると思料したことも、本論執筆の今 1 つの理由となっている。

---

3) Gesetz vom 1. August 1959 (BGBl. I S. 565), (BGBl. III 303-8).
4) 丸山秀平「ドイツにおける弁護士会社・弁護士株式会社・弁護士有限責任事業会社」札幌法学 24 巻 2 号 163 頁（本書第 5 章）。
5) 連邦弁護士法に基づく弁護士会社は、法形式としては、有限会社であり、弁護士株式会社は勿論のこと、弁護士有限責任事業会社（Rechtsanwalts-UG）も有限会社であり、全て資本会社である。
6) 2014 年 1 月 1 日の時点でドイツにおいて認可されている弁護士会社（Rechtsanwaltsgesellschaften mbH）の数は 654 であり、弁護士株式会社（Rechtsanwalts-AG）の数は 26 であるのに対し、パートナーシャフト会社の数は 3,364 である（Große Mitgliederstatistik der Bundesrechtsanwaltskammer, http://www.brak.de/w/files/04_fuer_journalisten/statistiken/grmgstatisitik2014_korr.pdf.）（本書第 7 章）。
7) 丸山秀平「有限責任事業会社（UG）が有限会社（GmbH）という商号の付加語を用いた場合の行為者の責任――ドイツ連邦最高裁判所 2012 年 6 月 12 日判決について」中央ロー・ジャーナル 11 巻 1 号 3 頁（本書第 4 章）。

II　パートナーシャフト会社法改正

1　従来のパートナーシャフト会社

(1)　定　　義

　パートナーシャフトは、自由業者がその職務権限を行使するために結合する会社である（パートナーシャフト会社法1条1項1文）。その社員であるパートナーは自然人でなければならない（同項2文）。

　自由業者が行う「自由業（Freier Beruf）」について、パートナーシャフト会社法1条2項1文によれば、自由業とは、一般的に（im Allgemeinen）、特別な職業上の資格または創造的才能に基づき、依頼人そして公衆のために、個人として、また自己の責任において、さらに専門的に独立して高度のサービスの提供を行うことであるとされている[8]。この意味において、パートナーシャフト会社法1条2項2文では、自由業者として独立した職業活動を行うものとして、医師、弁護士、会計士、税理士、エンジニア、建築士等、29の職種が列挙されている。

(2)　法 的 性 質

　パートナーシャフトでは、個々のパートナーによって、それぞれが適用され

---

[8]　1995年7月1日に発効したパートナーシャフト会社法、前掲注1）では「自由業（Freier Beruf）」について定義規定がなかった。その理由として掲げられていたのは、長年にわたって知られてきた個々の自由業を包括して言い表すことが困難であることであった（Lenz in: Meilicke/Graf v. Westphalen/Hoffmann/Lenz, Partnerschaftsgesellschaftsgesetz, 1995, §1 Rn. 23.）。しかし、その後、1998年8月1日に発効したパートナーシャフト会社法改正法、後掲注15）により、パートナーシャフト会社法1条2項1文に初めて法律上の定義規定が設けられた。ただ、同条の法文の「一般的に」という制限については、それが最初から例外があることを明らかにしているという点で、実際的意義に乏しいとの批判がある（Henssler, in: Henssler/Prütting, BRAO 4. Aufl. 2014, §1 PartGG Rn. 16.）。

る職業法規を遵守しつつ、職務サービスが提供される（パートナーシャフト会社法6条1項）。このようなパートナーの自由業者としての活動が、個々のパートナーの資質や才能に依存していることから、パートナーシャフトの会社（Gesellschaft）としての性質は人的会社（Personengesellschaft）であるとされている[9]。このことは、パートナーシャフト会社法1条4項で、同法に別段の定めなき限り、パートナーシャフトに対しては民法典（BGB）の組合（GbR）に関する規定が適用されるとされていることや人的会社としての合名会社に関する商法典（HGB）上の規定がパートナーシャフトに準用され得る場合があること（パートナーシャフト会社法6条3項、7条2・3項）等からも明らかである。

　パートナーシャフトは、その本店の所在地を管轄する登記裁判所でのパートナーシャフト登記簿への登記を義務付けられている（パートナーシャフト会社法4条1項、商法典106条1項準用）。パートナーシャフトの第三者に対する関係は、前記の登記によって発効する（パートナーシャフト会社法7条1項）。また、パートナーシャフトには、合名会社に関する商法典124条が準用されている（パートナーシャフト会社法7条2項）。従って、パートナーシャフトは、その名称のもとで権利を有し、義務を負い、所有権その他の土地に関する物権を有し、提訴・受訴することができる（商法典124条1項参照）。また、パートナーシャフトの財産に対する強制執行のためには、パートナーシャフトに向けられた執行可能な債務名義が必要となる（同条2項参照）。このように、パートナーシャフトは、それ自身、独立の法主体として、独自の財産を保有するものとされる[10]。

　ただ、ここで注意しなければならないことは、合名会社に関する商法典124条に関連して、ドイツ法では、合名会社は、対外的関係において独立した法主体として認められるにも拘わらず、有限会社や株式会社のような法人とされていないことである。従来の学説では、合名会社は法人ではないが、合名会社それ自体ではなく、合手的に結合した社員（gesamthänderisch gebundenen Gesell-

---

9) Henssler, a. a. O. (Fn. 8) §1 PartG Rn. 1.
10) Henssler, a. a. O. (Fn. 8) §7 PartG Rn. 4.

schafter）が権利義務の担い手と解されてきた[11]。従来の学説に従えば、パートナーシャフトについても同様の法理が適用されるとも思われるが、合名会社の法的性質について、従来の学説とは異なる見解もあり[12]、また、後記2で論ずるように、パートナーシャフトとは異なる責任体系を有するパートナーシャフト有限職業責任会社が制度化されたことで、従来通りの理解でよいかについて、なお議論の余地があるものと思われる。

　なお、パートナーシャフト会社は、人的会社である以上、資本会社である弁護士会社や弁護士株式会社（Rechtsanwalts-AG）とは異なり、営業税（Gewerbesteuer）は発生しない。この点は、同じ機能を持つ弁護士会社に対するパートナーシャフト会社のメリットであるとされている[13]。

(3) パートナーシャフトの名称

　パートナーシャフト会社法2条1項によれば「パートナーシャフトの名称には、少なくとも1名のパートナーの姓名、「und Partner」若しくは「Partnerschaft」という付加語並びに当該パートナーシャフトに代表される全ての職務の職業名が含まれなければならない」とされている。なお、パートナーの姓名について、個々の名前（Vorname）を付する必要はない（パートナーシャフト会社法2条1項2文）。また、他のパートナーの姓名はパートナーシャフトの名称に入れなくともよい（同項3文）。

　このようにパートナーシャフトは、営利性を有する団体の保有する商号（Firma）と同様、非営利団体としてそれ自身の名称（Name）を有し、それに応

---

11) BGH 24. 1. 1990 NJW 1990, 1181, Boesche, in : Hartmut Oetker, Kommentar zum HGB 2. Aufl. §124 Rn. 1. Baumbach/Hopt, Handelsgesetzbuch 35. Aufl, 2012 §124 Rn. 1.

12) Karsten Schmidt, Münchner Kommentar zum Handelsgesetzbuch 3. Aufl., 2011 §124 Rn. 2.

13) Barbara Grunewald, Die Partnerschaftsgesellschaft mit beschränkter Berufshaftung, GWR 2013, 393, 394.

じて、商法典の規定が準用されている（パートナーシャフト会社法2条2項）[14]。

(4) パートナーの責任

パートナーシャフト会社法8条1項1文によれば「パートナーシャフトの債務について債権者に対して責任を負うのは、パートナーシャフトの財産と並んで連帯債務者としてのパートナーである」とされている。また、同項2文では、合名会社の加入社員の責任に関する商法典130条および会社の解散に関する同131条が準用されている。このことから明らかなように、パートナーシャフト会社においては会社、すなわちパートナーシャフトだけでなく全社員すなわち、各パートナーが無限責任を負うのが原則である。

さらに、1998年8月1日に発効した新たなパートナーシャフト会社法[15]8条2項によれば、職務上の過誤について（パートナーシャフトと並んで）責任を負うのは、委任事務処理を行ってきたパートナーだけである、すなわち、同項によれば「個々のパートナーだけが委任事務処理を行ってきた場合には、同人のみが職務上の過誤について1項によるパートナーシャフトと並び責任を負う」とされる[16]。なお、その際、副次的な処理費用は考慮されない。パートナーシャフトの場合、「委任（Auftrag）」の概念は、民法典662条の意味における狭義のものではなく、その基礎が自由業者の活動のために形作られるあらゆる

---

14) 準用されているのは、商法典18条2項、21条、22条1項、23条、24条、30条、31条2項、32条、37条である。また、民法上の組合からパートナーシャフトへの組織変更の場合には、商法典24条2項が適用される。

15) Gesetz zur Änderung des Umwanderungsgesetzes, Partnerschaftsgesellschaftsgesetzes und anderer Gesetze vom22. 071998. BGBl. I S. 1878.

16) 1998年改正以前の旧法の規定では、職務上のサービスの提供、責任ある指揮および監督をパートナーシャフト内でなすべきパートナーに対して、契約上または事前の契約条件に基づく誤った職務権限の行使に基づく損害賠償請求権に1項1文の意味におけるパートナーの個人責任を限定する可能性を開いていただけであった。旧規定に対して、職務上のサービスの提供、責任ある指揮および職務上のサービスの監督を区別する場合に生ずる解釈の困難性は、新規定によって回避されたとされている（Römermann, in : Michalski/Römermann, PartGG, 4Aufl, 2014 § 8 Rn. 37f.）。

契約関係を指すものと考えられている。また、上記 1998 年改正に係る政府草案によれば[17]、職務上の過誤について責任を負うパートナーは、実際に自身で委任事務処理に携わったパートナーだけでなく、その者の監督をしたパートナーそして内部的な権限分配に基づいて活動しなければならなかったパートナーも考慮されなければならない[18]。

2　パートナーシャフト有限職業責任会社

(1)　改正に至る経緯

2013 年のパートナーシャフト会社法改正に至る端緒となった事情として指摘されているのは、2009 年以来、ドイツの弁護士が EU 法上の居住移転の自由とヨーロッパ最高裁判所の判例[19]を利用して、イギリス法上の有限責任パートナーシップ（Limited Liability Partnership；LLP）[20]という法形式で結合するようになってきたことであった。この点で Heilwig によれば、LLP は、職務上の過

---

17)　Begründung des Regierungsentwurfs BT-Drucks. 13/9820, S. 21.

18)　例えば、あるパートナーの過誤を回避することができなかったパートナーも責任がある場合がある。過誤が既になされていた委任事務処理が別のパートナーによって更に行われた場合や、より大規模な事務所で、あるパートナーが他のパートナーの事務処理を検査することができず、それ故、自身の過失なく当該パートナーに責任があるということも考慮される（Grunewald, a. a. O (Fn. 13), 393）。

19)　EuGH, Rs. C-212/97, Slg. 1999, I-1459 = NJW 1999, 2027；EuGH, Rs. C-208/00, Slg. 2002, I-9919 = NJW 2002, 3614；EuGH, Rs. C-167/01, Slg. 2003, I-10155 = NJW 2003, 3331.

20)　LLP は、2001 年 4 月に発効した Limited Liability Partnership Act に基づいて設立された新たな法形式である（同法の成立の経緯について、Palmer's Company Law, 1. 208；Parmer's Limited Liability Partnership Law 2nd edition, A1-22.）。イギリスの LLP の導入にあたって、法形式のモデルとされたのは、アメリカの Limited Liability Company；LLC であるとされている。これら両者の法形式は法人格と、パススルー税制そして有限責任を備えている点で共通している（大杉謙一「諸外国の LLC・LLP 法の概観」法律のひろば 59 巻 2 号 20 頁、イギリスの LLP について、25 頁以下。）。なお、2011 年 3 月 31 日の時点で、イギリスにおいて、43,241 社の LLP が登記されており、これは同時点での Limited Partnership の数（18,869 社）を遥かに超えている（Id. at 1. 208. 2）。

誤に基づく責任の制限をもたらすものであり、ヨーロッパ法の見地からは歓迎すべきものであっても、ドイツ法の見地からは、これ以上のLLPへの脱出（Exdus）をくい止めることが重要なことであったとされる[21]。従来の無限責任を前提とするパートナーシャフトに対し問題とされていたのは、共同事務所（Sozietät）の規模が拡大し、個々の弁護士が専門化し、受任者が他の専門家と協同して事務処理をするようになると、誰も自分以外の者の職務分担の質を評価できなくなってしまうこと、委任事務処理に事後的に参入した者が既に生じていた過誤に基づく責任を負わなければならなくなるということであった[22]。このような事情とともに指摘されていることは、弁護士が、ドイツの既存の法形式を利用して有限責任の利益を享受することが、裁判所によって拒絶されたことである。この点で指摘されていることは、ドイツ連邦最高裁の2011年7月18日判決[23]で、弁護士有限合資会社（Rechtsanwalts-GmbH & Co. KG）の形式が否定されたことであった。

以上のような状況の下で、改正への具体的な動きとして掲げられていることは、2010年夏、ドイツ弁護士協会（Deutsche Anwaltsverein ; DAV）からパートナーシャフト会社法8条の補充に向けた見解表明書（Positionspapier）が公にされ[24]、同表明書による提言が同年の第68回ドイツ法律家大会（DJT）での議論

21) Hans-Jürgen Heilwig, PartG mbB : Sinnvolle Modernisierung, AnwBl. 2012, 345. 同論稿は、Heilwig教授へのインタビューに基づくものである。

22) Heilwig, a. a. O. (Fn. 21). 後者の点について、Wolfgang Ewer, Die Antwort auf die Flucht in die Anwalts-LLP : Passen wir unser Recht an, AnwBl 2010, 857, vgl. BGH, Urt. v. 19. 11. 2009, IX. ZR 12/09, AnwBl 2010, 216 ff.

23) BGH v. 18. 7. 2011, AnwZ (Brfg) 18/10 ; NZG 2011, 1063. 同判決によれば、有限合資会社の法形式が商業（Handelsgewerbe）（商法典1条2項）を営む合資会社であること（商法典161条）が、弁護士が営む自由業、他人の法律事件（fremder Rechtsangelegenheiten）の処理、とは相容れないものとされたのである。なお、同判決に対する抗告が連邦憲法裁判所になされたが、同抗告は連邦憲法裁判所法（BVcrfGG）の要件を充たしていないとして、受理されなかった（BVerfG, NZG 2012, 343 ; GmbHR 2012）。

24) Ewer, a. a. O. (Fn. 22), Heilwig, a. a. O. (Fn. 21) によれば、見解表明書は、パート

に付され、翌 2011 年 5 月のドイツ連邦弁護士会（Bundesrechtsanwaltskammer；BRAK）の意見書（Stellungnahme）[25]に結び付いたことであった。

続いて 2012 年 8 月 15 日に連邦法務省による政府草案[26]が出されている。同草案の理由書では、LLP の代替物が提供されるべきであると指摘されている[27]。同草案は、同年 9 月 27 日、連邦議会の第一読会に付せられ、同年 11 月 7 日には専門家公聴会が行われている[28]。その後、2013 年 6 月 12 日の法務委員会による若干の修正、同年 6 月 13 日の第二・第三読会を経て、同年 7 月 3 日の連邦参議院での法案可決に至るのである[29]。

(2) 有限責任の要件

2013 年 7 月 19 日に施行されたパートナーシャフト会社法の改正法に挿入されたパートナーシャフト会社法 8 条 4 項によれば、誤った職務権限行使を理由

　　　ナーシャフト会社法 8 条を補充して、職務上の過誤に基づく責任を、会社が適切な責任保険を保持すること、その詳細は連邦弁護士法で規律されること、を条件として限定するような選択的な責任体系を付加的に形成するよう立法者に呼びかけるものであった。前記責任保険は、弁護士会社と同様、損害賠償案件 1 件につき 250 万ユーロであった。なお、ドイツ弁護士協会は、登記済み社団（e. V.）であり、ドイツ連邦弁護士会（BRAK）とは区別されなければならない。後掲注 25）参照のこと。）。

25) BRAK-Stellungnahme Nr. 31/2011, http://www.brak.de/zur-rechtspolitik/stellungnahmen-pdf/stellungnahmen-deutschland/2011/mai/stellungnahme-der-brak-2011-31.pdf なお、ドイツ連邦弁護士会（BRAK）は公法上の法人（Körperschaft des öffentlichen Rechts）であり、ドイツの 27 箇所の弁護士会（Rechtsanwaltskammern；RAK）によって構成されている。

26) Entwurf eines Gesetzes zur Einführung einer Partnerschaftsgesellschaft mit beschränkter Berufshaftung und zur Änderung des Berufsrechts der Rechtsanwälte, Patentanwälte, Steuerberater und Wirtschaftsprüfer, BT-Drucks. 17/10487.；Vgl. Römermann, a. a. O. (Fn. 16) § 8 Rn. 79.

27) Begründung des RegE BT-Drucks. 17/10487, S. 11.

28) 同公聴会で表明された専門家の各意見は、以下の URL で参照可能である。http://webarchiv.bundestag.de/cgi/show.php?fileToLoad=2921&id=1223

29) 以上の経緯について、Römermann, Die PartG mbB - eine neue attraktive Rechtsform für Freiberufler, NJW 2013, 2305, 2306., ders, a. a. O. (Fn. 16) § 8 Rn. 71 ff.

とする損害に対して責任を負うのは会社財産だけであり、それ以外に誰も責任を負うものではないとされる。この前提となるのは、パートナーシャフトが、以上の目的のために充てられる職業責任保険をあてがわれていることである。つまり、個人責任は、保険金請求権と引き替えられるのである。勿論、既述のように、このことが妥当するのは、損害賠償請求かつそれが誤った職務権限行使に基づくもののみである[30]。履行請求および返還請求並びに職務権限行使と直接関連しないその他の請求（雇用契約や使用貸借契約に基づく請求）については、パートナー全員の無限個人責任が留め置かれる[31]。

　上記のように、有限責任の要件は、この目的のために「法律（Gesetz）」によってあてがわれた保険が支えとなっていること（unterhält）である。すなわち、保険が合意されており、目下のところ損害をもたらす行為に対して保険の保護が存することである[32]。前記の「法律」がどのようなものかについてパートナーシャフト会社法で定めがある訳ではない。このことは、その都度パートナーシャフト会社法が考慮している自由職種に委ねられている。前記2013年パートナーシャフト会社法改正法では、他の職種に先行して、同改正法のタイトルに掲げられている4種の職種（弁護士、弁理士、税理士、会計士）にとって同様にパートナーシャフト有限職業責任会社が可能となるような法規が形作られているのである[33]。その4種の職種中、弁護士業について見れば、弁護士パート

---

30) パートナーシャフト有限職業責任会社を弁護士会社と比べた場合、後者においては責任制限が一般的である一方、前者では責任制限が適用されるのが職務上の過誤だけであるという点が異なる。ただ、Grunewaldによれば、保険金額は両者とも同額であるので（連邦弁護士法59j条参照）、この限りで両者の差異はないとされる（Grunewald, a. a. O. (Fn. 13), 394）。

31) Henssler, a. a. O. (Fn. 8) §8 PartGG Rn. 62. Römermann, a. a. O. (Fn. 16) §8 Rn. 107.

32) Begründung des RegE BT-Drucks. 17/10487, S. 14. この点、Römermannによれば、定められた額の保険が存在すればよく、当該保険によって具体的事件における損害が無条件にカバーされなければならないとまで言っている訳ではないとされる（Römermann, a. a. O. (Fn. 29) 2309, ders, a. a. O. (Fn. 16) §8 Rn. 82, 103.）。

33) Römermann, a. a. O. (Fn. 29) 2309.

ナーシャフトに際し現在の連邦弁護士法51a条が定めていることは、パートナーシャフト会社法 8 条 4 項により責任を制限されるパートナーシャフト会社は、最低 250 万ユーロの保険金を差し出さなければならないこと、その際、一保険年度内の給付は最低保険金額についてパートナー数を乗じたものに限定することができること（その場合、年次最高給付額は少なくとも最低保険金額の 4 倍、すなわち、1,000 万ユーロとされなければならない。）である。

(3) 法 的 性 質

前記(2)のような一定の有限の職業責任を伴うパートナーシャフト会社としてのパートナーシャフト有限職業責任会社は、従来のパートナーシャフト会社の変形（Variante）[34]として前記改正法によって導入されたものと位置づけられている。すなわち、パートナーシャフト有限職業責任会社は、部分的に修正された責任体系と特別な名称を伴ったパートナーシャフトの変形として構想されており[35]、何ら新たな法形式を創造したものではないと指摘されている[36]。すな

---

[34] Henssler, a. a. O. (Fn. 8) Rn. 55. Römermann, a. a. O. (Fn. 16) § 8 Rn. 79. 本章においても、有限責任事業会社について論じた別稿（丸山秀平「ドイツにおける有限責任事業会社制度の創設とその評価」日本比較法研究所 60 周年記念論文集 795 頁）（本書第 1 章）と同様、「Variante」を「変形」と訳している（論文集、796 頁、本書 3 頁）。本章の論稿を中央ロー・ジャーナル 14 巻 2 号に掲載した時点では、「変形」ではなく「ヴァリエーション」と訳していた。ドイツ語では、「ヴァリエーション」に該当する言葉は「Variation」であり、「Variante」ではない。しかし、日本語で「ヴァリエーション」とした場合、「変形」を含む意味でも使われていること、また「ヴァリエーション」としたことで、変化したことよりもその原型に依拠しているという意味が伝わり易いのではないかと考えたことから、前記論稿では敢えて「ヴァリエーション」という表現を使っていた。これに対して、前記論稿を本書に転載するに際しては、本書全体の用語表現の統一という観点から「ヴァリエーション」を「変形」に戻している。しかし、「変形」という用語を使用したとしても、本質が変わったという意味で「変形」という言葉を使用しているのではなく、原型に依拠しているという意味は維持されているものと解する点は同様である。

[35] Henssler, a. a. O. (Fn. 8) § 8 PartGG Rn. 57, Begründung des RegE BT-Drucks. 17/10487 S. 15.

わち、前記１(2)で述べたように、パートナーシャフトが法人ではないとされていることから、その変形であるパートナーシャフト有限職業責任会社も同様に法人ではない団体として位置づけられることになる。ただ、パートナーシャフト有限職業責任会社が部分的にせよ有限責任制度を伴うことから、従来、法人としての属性の１つとして掲げられてきた会社財産と社員財産との厳格な分離がパートナーシャフト有限職業責任会社にも認められる以上、パートナーシャフト有限職業責任会社が法人でないとしても、その社員と会社との関係に関してパートナーシャフト有限職業責任会社をドイツ法上の組合タイプの団体とするか、あるいは社団タイプの団体とするか簡単に決することはできないとの指摘が改正法成立以前からあったこと[37]にも注意しなければならない。

　いずれにせよ、パートナーシャフト有限職業責任会社がパートナーシャフトの変形であるという点は、後記Ⅳで取り扱う上級地方裁判所決定との関係で今一度検討しなければならない。

Ⅲ　パートナーシャフト有限職業責任会社の名称

1　有限責任との関係

　パートナーシャフト会社法８条４項３文によれば、パートナーシャフトの名称は、職務責任の制限を示す付加語を含むものでなければならない。政府草案とは異なり成立した法律の場合、立法資料によれば、名称の付加語の登記を責任制限のための条件として整備することは断念されている。この点について、政府草案８条４項２号では、誤った職務権限行使を理由とする損害を原因とするパートナーシャフトの責任が会社財産に限定される場合として、その名称に「mit beschränkter Berufshaftung」または「mbB」という略語若しくはその標識の略称として一般的に理解されるものを付加語として含む（enthält）ことが

---

36)　Henssler, a. a. O. (Fn. 8). § 8 PartGG.
37)　Römermann/Praß, Die Partnerschaftsgesellschaft mit beschränkter Berufshaftung, NZG 2012, 601, 606.

掲げられていた。その限りで、改正法においても、含まれる（enthalten）という語は政府草案と同様である。しかし、この点で政府草案の理由書では、法律要件の充足のためにはパートナーシャフト登記簿に名称の付加語を登記することで足りるとされており[38]、その限りで登記が想定されていた[39]。これに対して、連邦議会の法務委員会報告書において、政府草案で責任制限のための条件としてパートナーシャフトの名称が「mit beschränkter Berufshaftung」またはその略語を含まなければならないとしていることについて、このことは、適切な付加語を伴ったパートナーシャフトがパートナーシャフト登記簿に登記されることが必要かつ充分であること（erforderlich aber auch ausreichend）を述べているに過ぎず、順序として、名称の登記が命ぜられるということになるだけであって、責任制限の条件となる訳ではなく、従って、政府草案8条4項2号は、純然たる商号規定（reine Firmenvorschrift）として形成されており、責任制限に結び付いていないと指摘され[40]、これが改正法8条4項3文となったのである。このような経緯によって、従来のパートナーシャフトで認められていたパートナー責任の除去のための条件は、保険契約の締結のみとなった。政府草案と改正法を比較した場合、責任制限の条件は、政府草案では2つ、すなわち、保険契約の締結と付加語の登記、であったが、改正法では、1つ、すなわち、保険契約の締結のみとなった訳である。

2　「mbB」という略語

パートナーシャフト有限職業責任会社の名称の付加語は「mbB」という一般に理解し得る略語も含むものである。有限会社における有限責任を表すものとして用いられているのは「mbH」という略語であるが、パートナーシャフト有限職業責任会社の場合には、「mbH」ではなく「mbB」という略語が用いられるべきものとされている。なぜなら、政府草案によれば「mbH」という

38）　Begründung RegE, BT-Drucks 17/10487, S. 14.
39）　Henssler, a. a. O. (Fn. 8) § 8 PartGG Rn. 69, Fn. 136.
40）　Bericht des Rechtsausschusses (6. Ausschuss), BT-Drucks. 17/13944, S. 20 f.

略語は、「あまりに広範囲にわたるものであるからである。このあまりに広範囲にわたる警戒作用は、法取引を欺罔する結果となる。職務上の過誤とは異なる原因に基づく請求権の債権者、例えば、被用者や賃貸人が「mbH」というシグナルを見て責任が一般的に制限されており、それ故、自己の請求権の行使を思いとどまらざるを得ないと理解してしまう場合にはとりわけそうなる」のである[41]。

　ここで注意しなければならないことは、有限会社法上、有限会社の変形であるとされている有限責任事業会社（Unternehmergesellschft）の場合には、その商号に関し「haftungsbeschränkt」という付加語をさらに略記することは認められないとされていることである[42]。その理由として掲げられていることは、問題となっている会社が非常に少ない基本資本しか装備していないということについて公衆が思い違いをしないものでなければならないという点であった[43]。これに対して、パートナーシャフト有限職業責任会社の名称の付加語については「mbB」という略語が当初から認められている。これに関し注目すべきことは、本節2(1)で示した2012年11月7日に開かれた専門家公聴会で、Hirteが両者のバランスをとるべき旨の意見を述べていること[44]である。

3　名称の付加語の使用違反

　パートナーシャフト会社法8条4項3文の義務に違反した場合、それぞれの場合において、商法典37条と関連するパートナーシャフト会社法2条2項半文（前段）による商号法上のサンクションが差し出される。名称の付加語が登記されていなかったことがどの程度の責任法上の効果を呼び起こすのかは必ず

---

41)　Begründung RegE, BT-Drucks. 17/10487, S. 14.
42)　Reg-Begr., MoMiG, BT-Drs. 16/6140 S. 31. この点につき、丸山、前掲注34) 796頁（本書第1章）。
43)　Reg-Begr., MoMiG, BT-Drs. 16/6140 S. 31.
44)　Stellungnahme zum RegE (BT-Drucks 17/10487) für den Deutschen Bundestag – Sitzung des Rechtsausschusses am 7. November 2012 – von Heribert Hirte, S. 13 f. なお、前掲注28) のURL参照。

しも最終的に明らかにされていない。立法資料によればパートナーシャフト会社法8条4項3文は付加語の登記を命ずべきものとしており、その結果、商法典37条と関連するパートナーシャフト会社法2条2項半文（前段）は関係づけられ得るものとされる。場合によっては法文から名称補完の義務が引き出される。その義務は、それと結び付く会社契約の変更を理由とした（正確な名称の付加語の形成に関しても）パートナーの決定を前提とし、それに続きパートナーシャフト会社法4条1項3文に関し登記が義務付けられることになる。名称変更を怠った場合には、商法典15条1項適用のための接点は何ら見出せないものとなる。一般原則に基づく権利外観責任も生ずることは殆どない。なぜなら、その責任は取引相手の登記内容に対する具体的信頼を前提としているからである[45]。

　実際により重要であると思われるのは、営業取引において名称の付加語を使用しなかった場合、とりわけパートナーシャフト会社法7条5項違反、である。立法理由書によれば、この場合は、有限責任会社が法取引において責任制限について惑わした場合に適用される一般規制によって処理されることになる。そこで指示されているのは、法形式の付加語がなかった場合に会社を代理した代理人の個人的な履行責任を民法典179条の類推によって認めた連邦最高裁の判例である[46]。無限の人的な責任という同様の権利外観が生じているか否

---

45) Henssler, a. a. O. (Fn. 8) §8 PartGG Rn. 71. これに対して Uwer/ Roeding, Partnerschaftsgesellschaft mit beschrankter Berufshaftung kommt, AnwBl 2013, 483 は、責任制限を明らかにする名称の付加語がパートナーシャフト登記簿に登記されていなかったり、適切に登記されていなかった場合、権利外観原理に基づくパートナーの個人責任の虞れがあるとしている。

46) 民法典179条の類推を認めた最近の判例として、BGH, Urteil vom 12. Juni 2012 – II ZR 256/11. 同判決について、丸山、前掲注7) 3頁以下（本書第4章74頁）参照のこと。なお、Henssler, a. a. O. (Fn. 8) §8 PartGG) Rn. 72, Fn. 149. では、同判決の他、Urteil vom 18. März 1974 – II ZR 167/72, BGHZ 62, 216 が、確立した判例の端緒となる判決として引用されているが、同判決は、民法典179条の類推というよりも、責任の実質的根拠として、権利外観ないし取引の相手方の信頼が強調されている（丸山、前掲注7) 25頁（本書第4章106・107頁）。

かは個々の事案の状況によってのみ判断されることになる[47]。Hensslerによれば、例えば、レターヘッドでこれまでと同様「und Partner」という付加語が使用されている一方で、フッター部分に有限の職務責任への指示がなされているような形状の商業書簡は問題があるとされる[48]。

Ⅳ　ニュルンベルク上級地方裁判所第 2 民事部 2014 年 2 月 5 日決定

本節では、パートナーシャフト登記簿への記載事項として、パートナーシャフト有限職業責任会社の法形式と名称および名称の付加語に係る峻別が問題とされたニュルンベルク上級地方裁判所決定[49]を紹介したい。以下に、同決定に係る事実関係（A）および決定理由（B）を、注記も含めて、原文通り記す。

　A．

1　関係人（Beteiligte）1 は、パートナーシャフト有限職業責任会社である。パートナーシャフトの目的は、税務相談活動の遂行である。パートナーは、それぞれ税理士として選任された関係人 2、同 3 である[50]。

2　関係人 1 は、オーバープファルツ州バイデン（Weiden i. d. OPf.）区裁判所のパートナーシャフト登記簿に「PR…」（…パートナーシャフト登記）のもとで登記されていた。同登記簿の第 2 欄、「名称（Name）（Buchstabe a）」との項目のもとでパートナーシャフト会社法 8 条 4 項 3 文に含まれる付加語「PartG mbB」が登記されていた。同登記簿第 4 欄では「法形式（Rechtsform）（Buchstabe a）」という項目のもとで「パートナーシャフト

---

47)　Henssler, a. a. O. (Fn. 8) § 8 PartGG Rn. 72.
48)　Henssler, a. a. O. (Fn. 8) § 8 PartGG Rn. 7.
49)　Beschlusse des 12. Zivilsenats des OLG Nürnberg vom 5. Februer 2014 (12 W 351/14, ZIP 2014, 420-421, GmbHR 2014, 429-431, NZG 2014, 422-423).
50)　前記Ⅱ 2(2)で述べたように、税理士業務も、2013 年パートナーシャフト会社法が考慮している 4 種の職種の 1 つとして掲げられている。

（Partnerschaft）」という表記が登記されていた。

3　2014年1月14日に関係人1のもとで、従来の表記に代わって、パートナーシャフト登記簿第4欄に法形式として登記すべきものとして申請されたのは、(略号を使わない)「Partnerschaftsgesellschaft mit beschränkter Berufshaftung」という表記であった。その理由として申し立てられたのは、パートナーシャフト会社とパートナーシャフト有限職業責任会社との間で問題となるのは、立法資料から引き出されるような異なった法形式であるということである。すなわち、単なる法形式として「パートナーシャフト」とするだけの登記では、関係人1について、パートナーシャフト有限職業責任会社が問題となっていることが判らず、それ故、行為するパートナーにとって個人責任の虞れがあるのである。その限りで、関係人1の名称に含まれるパートナーシャフト会社法8条4項3文による付加語「mbB」は、充分なものではないというものである。

4　オーバープファルツ州バイデン区裁判所（登記裁判所）は、2014年1月20日の決定によって前記登記申請を却けた。その理由は、有限責任のない「通常の」パートナーシャフトに対するパートナーシャフト有限職業責任会社の相違は、パートナーシャフトの名称（上記第2欄）の中に充分に示されている。それ故、パートナーシャフトの職務責任の制限は、既にパートナーシャフト登記簿から明らかに認識され得るものである。加えて、登記裁判所のEDV（Elektronische Datenverarbeitung）システムが許可しているのは法形式としての「パートナーシャフト」だけであるというものである。

5　2014年1月22日に関係人1に送達された上記決定に対して、2014年1月27日に裁判所に届けられた関係人1による抗告がなされた。

6　2014年1月28日の決定によってオーバープファルツ州バイデン区裁判所（登記裁判所）は、前記抗告を認めなかった。同時に、同裁判所は、上級地方裁判所の判断に至る手続きを提示した。

B.

7　許可された抗告は本件では棄却される。

Ⅰ.

8　本手続きは、家事事件・非訟事件手続法（FGG-RG）による非訟事件に該当する。

9　同法の分類によれば、問題となるのは同法374条3号の登記事項である。

Ⅱ.

10　抗告手続は許可される。

11　異議申立がなされた判断について問題となるのは、家事事件・非訟事件手続法382条3項による決定である。同決定に対して提起された抗告は同法58条1項により認容される。

12　当該抗告は、期間（同法63条1項）および形式（同法64条1・2項）に適ってなされている。

13　抗告人（関係人1）は、同人によって申し立てられた登記申請を却けた、異議申立がなされた決定によって同人の権利が害されており、従って同法59条2項の意味における抗告資格を有している。

Ⅲ.

14　前記抗告は本件では棄却される。申請されたパートナーシャフト登記簿第4欄の法形式の変更は登記簿に登記されるべきでないとした登記裁判所の見解は結果的に法的審査に耐えるものである。

15　1.　登記裁判所によって使用されているEDVプログラム登記が「Partnerschaftsgesellschaft mit beschränkter Berufshaftung」ではなく、「Partnerschaft」をパートナーシャフト登記簿（第4欄Buchstabe a）の「法形式」項目に登記することだけしか認めていないという状況は勿論そのようないずれの登記をも妨げるものではない。その種の技術的な不十分性は、争点となっている表記が登記されるべきか否かの問題に何らの影響を与えるものではない。

16 2. しかしながら、抗告人の見解とは反対に、パートナーシャフト有限職業責任会社は、その種の責任制限のないパートナーシャフトとは別個の法形式とはされない。それどころか、その限りで問題となるのは法形式の変形（Rechtsformvariante）（Schäfer in : MünchKomm-BGB, 6. Aufl. § 8 PartGG Rn. 41, 42）、すなわち、（その責任規制の点で異なって形作られた）パートナーシャフト会社法1条1項の意味におけるパートナーシャフト集団（Fallgruppe）なのである。

17 a) 抗告人が、2012年8月15日の連邦政府の立法草案[51]（Entwurf eines Gesetzes zur Einführung einer Partnerschaftsgesellschaft mit beschränkter Berufshaftung und zur Änderung des Berufsrechts der Rechtsanwälte, Patentanwälte, Steuerberater und Wirtschaftsprüfer）（Bundestags-Drucksache 17/10487）が異なった法形式が存することを明らかにしていると考えるとすれば、それは誤っている。

18 aa) 同草案の3頁で述べられているのは、13頁「経費 Erfüllungsaufwand der Verwaltung」節の理由の枠内と同様、以下の通りである。

19 「商事会社登記およびパートナーシャフト登記の事務を行う裁判所行政組織にとって、登記義務のない既存の職業団体が本改正法を契機としてパートナーシャフトを選択するかまたは登記済みの既存の職業団体がパートナーシャフト有限職業責任会社に交替するかあるいは（有限会社から）組織変更する限りで、付加的な経費が発生することになる。これに対して、将来、既存の登記義務のある形式に替えてパートナーシャフト有限職業責任会社という新たな形式が用いられる限り、裁判所行政組織にとって何らの付加的な経費は発生しない。なぜなら、異なった法形式への登記簿への登記の場合の費用の区別はないからである。」

20 以上の節の最後の文節で「異なった法形式への」登記簿登記の場合の一致した経費が述べられている限りで、このことはパートナーシャフト有限

---

[51] 本決定では「連邦政府の立法草案（Gesetzentwurf der Bundesregierung）」と表記されているが、他の部分では「政府草案」としている。

職業責任会社と並んで直前の文節で掲げられている有限会社にも関連づけられる。その限りでパートナーシャフト有限職業責任会社は当然に（筆者注：有限会社とは）異なった法形式とされる。これとは反対に、その種の責任制限のないパートナーシャフトに対する関係でも別個の法形式を問題にしなければならないという逆の推論は引用された節から引き出すことはできない。

21　bb）　立法資料において11頁の理由の枠内で更に以下のことが述べられている。

22　「法律によって自由業者にとって、一定の前提が存する場合に、パートナーシャフト有限職業責任会社を採用する可能性が生ずる。そのために、パートナーシャフト会社法自体の中に責任制限が創られている。これまでの『通常の』パートナーシャフト会社は、パートナーシャフト有限職業責任会社の可能性と並んで存在し続けることになる。」

23　ここからもまた抗告人の見解とは反対にこれに関連する異なった法形式の存在は結論付けられない。

24　b）　それどころか、立法理由書から既に明らかにされていることは、パートナーシャフト有限職業責任会社の場合に問題とされているのはパートナーシャフト会社の変形ということである。立法理由書15頁を見れば、すなわち、

25　「会社財産への責任限定という新たな可能性を導入することによってパートナーシャフト会社の2つの変形が与えられることになる。例えば、これまで固有の法律上の職業権を自由に使えなかった自由職種がある。これらの職種にとって新たな責任制限規制は未だ効果的なものとされていない。しかし既存の職業権がこの可能性を取り上げず、職業責任保険も決めないことも可能である。更に、ある職業権が職業責任保険を意図したが、しかし、正当な理由から具体的なパートナーシャフトが職業責任保険を取り結ぶことなく、伝統的な責任体制のもとでパートナーシャフト会社として留まろうとすることも可能である。これら全ての場合にパートナーシャ

フトは、従前の名称で、責任の付加語なしにそれ自体はっきりと認識され得るのである。」と。

26 c) その種の責任制限のないパートナーシャフトに対してパートナーシャフト有限職業責任会社の場合に他の法形式が問題とされないことは、立法者が同じ法律の中でこの2つの変形を規律しており、それに対して、そうでなければ、異なった法形式はそれぞれ異なった法律で規律されることからも明らかである。

27　パートナーシャフト会社法の規制からも明らかなことは、例えばパートナーシャフトの要件に関する法規定（同法1条）は、通常のパートナーシャフト会社に対してもまたパートナーシャフト有限職業責任会社に対しても同様に効力を及ぼすことである。

28　最後に、パートナーシャフト有限職業責任会社の導入に関連して、パートナーシャフト登記法（PRV）[52]は変更されていない。パートナーシャフト登記簿第4欄において（Buchstabe a）のもとで法形式が登記されなければならず（パートナーシャフト登記法5条4項1文）、従って「パートナーシャフト」という表記となる（vgl. Krafka/Kühn, Registerrecht 9. Aufl. Rn. 2046, 2047）。パートナーシャフト登記法2条によれば、パートナーシャフト登記は附表1に添付されているひな型に従って扱われなければならない。このひな型では法形式として「パートナーシャフト」という文言のみが記載されている。

29　3．従って関係人1はその種の責任制限のないパートナーシャフトに対して他の法形式を示すことはないので、パートナーシャフト登記簿第4欄への登記は変更される必要はない。

30　可能であると考えているパートナーの個人責任に関する抗告人の考慮は根拠付けられない。（有限責任への示唆のない）法形式としてパートナーシ

---

[52] Verordnung über die Einrichtung und Führung des Partnerschaftsregisters, V. v. 16. 06. 1995 BGBl. I S. 808 ; zuletzt geändert durch Artikel 5 Abs. 3 G. v. 0. 11. 2006, BGBl. I S. 2553.

ャフトに関して「裁判所が将来、会社財産への責任の制限を否定すること」は上述の説明を考慮すれば正当化できない虞がある。さらに、パートナーシャフトの名称に含まれる「mbB」という付加語（名称の構成要素として同じくパートナーシャフト登記簿第1欄へ登記されなければならない（パートナーシャフト登記法5条1項)。) から明らかになる職業責任の制限は明白である。以上の付加語は責任制限を明らかに認識させるためには不十分であるとする関係人1の見解は、（更なる前提が存在する場合に）それに相応する商号を用いることは有効な責任制限のために充分であるとするパートナーシャフト会社法8条4項の規制に反するものである。

31 4. 2014年1月20日のオーバープファルツ州バイデン区裁判所（登記裁判所）の決定による当該登記申請の拒絶は、従って（いずれにせよ結果的に）異議を唱えられるべきものではない。

32 よって、これに対してなされた抗告は棄却のままに置かれる。

Ⅳ．

33 費用決定は家事事件・非訟事件手続法84条によることとなる。

34 当部局は、裁判所・公証人費用法 (Gesetz über Kosten der freiwilligen Gerichtsbarkeit für Gerichte und Notare)[53] 36条3項、59条、61条により目的価格を確定した。

35 家事事件・非訟事件手続法70条2項の前提が存するので、法的抗告は認められるものであった。争点問題は多くの同様の事例で提起され、従って原則として意義あるものであるが、これまで明らかな限り、最高裁での判断がなされたものはない。

以上のように、本決定は、税理士パートナーシャフト有限職業責任会社について、パートナーシャフト有限職業責任会社が従来のパートナーシャフト会社とは別個の法形式ではなく、パートナーシャフト会社の変形であるという立法

---

53) G. v. 23. 07. 2013, BGBl. I S. 2586；zuletz geändert durch G. v. 08. 07. 2014, BGBl. I S. 890；m. W. v. 16. 07. 2014.

者の見解に基づき（Ⅲ 2a) aa) bb) 欄外番号17～25)）、パートナーシャフト有限職業責任会社がパートナーシャフト登記簿第4欄「法形式 (Rechtsform) (Buchstabe a)」という項目のもとで記載すべきものは「Partnerschaft」という表記でなければならず、従って、同記載欄を「Partnerschaftsgesellschaft mit beschränkter Berufshaftung」という表記に変更することは認められないとしたものである。

V　まとめに代えて

　本章では、2013年に施行されたパートナーシャフト会社法改正法によって導入されたパートナーシャフト有限職業責任会社について、その導入の経緯およびパートナーシャフト有限職業責任会社と従来のパートナーシャフト会社との関係について考察するとともに、パートナーシャフト有限職業責任会社のパートナーシャフト登記簿への記載事項に関するニュルンベルク上級地方裁判所決定に言及した。

　まず確認されたことは、①パートナーシャフト有限職業責任会社の導入の契機となったのは、イギリスにおけるLLPの形式がドイツにおいて広く用いられることに対して、とりわけ弁護士業の分野で、LLPに対するドイツ法上の代替物を創造すべきとの要求が強まったこと、②前記要求に応えるものとして導入されたパートナーシャフト有限職業責任会社は、当面、2013年改正法で指示された4種の自由業分野で利用できるものとされていること、③職業有限責任の利益を享受するためには保険契約が締結されていなければならないこと、である。

　さらに、上記ニュルンベルク上級地方裁判所決定と関連して重要なことは、パートナーシャフト有限職業責任会社が従来のパートナーシャフト会社とは別個の法形式として創造されたものではなく、パートナーシャフト会社の「変形」であるに過ぎないとされたことである。この点は、別稿で論じた有限会社法上の、有限会社と有限責任事業会社との関係に相応することができ

る[54]。また、パートナーシャフト会社の名称および名称の付加語の使用についても、有限責任事業会社の商号および商号の付加語に関する取扱いについて、(必ずしも全てに渡って重なり合うものではないが)[55]かなりの部分において共通する状況が存在するものと言えよう。

　ただ、有限責任事業会社は、有限会社の変形であっても、資本会社であり、法人である。これに対して、パートナーシャフト有限職業責任会社は、パートナーシャフト会社の変形である限りにおいて、人的会社であり、法人ではない。しかし、一部にせよ、有限責任体系を伴う組織としてのパートナーシャフト有限職業責任会社がこれまでのパートナーシャフト会社と同じ性質を有するものとして位置づけられるか否かはさらに検討を要するものと言えよう。その点で、ニュルンベルク上級地方裁判所決定は、あくまで立法者の見解に基づき、パートナーシャフト登記簿の法形式欄への記載事項に関する判断が下されているという理解にとどまるものと解すべきであろう。

---

54) 丸山、前掲注 34) 796 頁（本書第 1 章 3 頁）。
55) Ⅲ 2 で述べた付加語の略記に関する取扱いが異なる点について参照のこと。

第 7 章
小 括 と 課 題

I　小　　括

　本章では、前章までに論じてきたことが本書全体においてどのように位置づけられるかについて、まず各章ごとに、私見その他の資料を補足しつつ、確認していきたい。

1　前 提 状 況

　その前提として、会社法を中心とする我が国の法状況を見てみると、周知のように、平成 17（2005）年、我が国で会社法が単独の法典として商法から独立している。その際、従来の有限会社は株式会社とされ、既存の有限会社について「特例有限会社」とされたものは、有限会社という商号を継続することは認められるものの、新たに有限会社という法形式を立ち上げることはできず、従来であれば有限会社という法形式を選択することが可能である企業も、一律に「株式会社」の標識の下に設立され、運営されることになり、今日に至っている。このように我が国では、有限会社という法形式が株式会社という法形式に統合されたのである。
　これに対して、有限会社（GmbH）という法形式を創造したドイツにおいては、有限会社という法形式は依然として維持され、多くの企業によって利用されている。
　もともと有限会社という法形式は、ドイツの立法者によって、株式会社とは別個の法形式として 19 世紀に創造されたものである[1]。この有限会社に関する

立法であるドイツ有限会社法（GmbHG）は、その成立以来、中小規模閉鎖企業に相応する法として機能してきたのであるが、同法についても幾たびもの大きな改正が行われている。

　本書で取り上げたテーマに関する2008年改正も有限会社制度に関する大きな改革として位置づけられる。すなわち、2008年改正ドイツ有限会社法（MoMiG）は、会社の種類としては有限会社であるが、従来の有限会社に求められていた最低資本金額を伴わなくても設立が可能な有限責任事業会社（Unternehmergesellschaft）を有限会社の変形として制度化したのである。

2　2008年改正法の契機と改正後の法状況（本書第1章～第3章）

　2008年ドイツ有限会社法改正について筆者がまず興味を持ったのは、有限会社という法形式を独自のものとして維持しつつ、その利用度を高めるための方策として有限責任事業会社の制度を創設するに至ったドイツ法と、有限会社という法形式の独自性を否定し、株式会社の制度に編入した我が国の会社法との比較を行い、それぞれの法改正がどのような契機に基づいて行われたのかという点であった。その点を踏まえて、本書第1章に所収した論稿を執筆したのである。また、本書第2章に所収した論稿は、有限責任事業会社という新たな制度が導入されたことで、ドイツの有限責任事業会社の設立に関わる法規制が従来の通常の有限会社の設立に関わる法規制および関連する法理にどのような影響を与えているかについて考察したものとして、さらに本書第3章に所収した論稿は、有限責任事業会社の設立に際して適用されるドイツ有限会社法5a条2項2文による現物出資禁止規制に焦点を当て、同規制の適用限界を明らかにするものとして、ドイツ連邦最高裁民事第二部から2011年4月に相次いで出された2つの決定を紹介することを主な内容とするものとして、第1章の論稿を補充し、具体化したものであり、有限責任事業会社という新たな制度に関

---

　1)　ドイツにおける有限会社法の成立過程について、丸山秀平「有限会社法の成立前史としての法形式論争と2008年改正法」正井、他・編ドイツ会社法の研究（2016、中央経済社）所収予定。

する分析を段階的に検討したものとして評価することができる。

　とりわけ、本書第 1 章に掲げた論稿では、ドイツにおける制度導入直後からほんの 2 ヵ月間で既に 1000 社以上の有限責任事業会社が商業登記簿に登記されており、この数は、さらに増加しつつあるという状況を明らかにした。この点に関連して、本書第 2 章に所収した論稿において指摘したことは、有限責任事業会社の設立に際して、通常の有限会社にも選択可能である簡易な手続きを選択することで、迅速に会社の成立に至るということ、その結果、商業登記簿への登記までの手続きが時間的に少なからず短縮されること、法的には、「設立中の会社」の存続期間がかなり短縮されることであった。このことに相応して、設定から成立までの法律関係の処理のために「設立中の会社」という概念を持ち出す必然性は従来よりも相対的に少なくなるということである。

　さらに、本書第 1 章に所収した論稿では、新制度の導入の契機として、企業活動についても EU 領域内での居住移転の自由が認められ、法形式の選択の点でも常に他国との競争に晒されているドイツの社会状況があること、ここでは有限会社とイギリスの Limited との競争があることが確認された。ただ、ドイツでは、制度導入によって、イギリスの競争相手に対して有限責任事業会社という制度を選択することができるようになったことは積極的に評価できるとしても、導入された有限責任事業会社に関する特則規定と従来の有限会社に関する既存の規定との間で一部調整を図るべき課題が出て来ていることも否定できない。本書第 1・2 章に所収した論稿で論じた通常の有限会社に係る有限会社法 19 条 4・5 項の有限責任事業会社への適用の可否や本書第 3 章に所収した論稿で論じた有限会社法 5a 条 2 項 2 文による現物出資禁止規制の適用限界に関する問題がその具体例であると考えられる。

　なお、本書第 1 章に続く【補節】は、2008 年有限会社法改正法の成立に至る課程で、有限会社の最低資本金額の引き下げが提案されていたこと、有限会社とは異なる新たな法形式に関しさまざまに提言されていたことについて、第 1 章に所収した論稿を執筆した時点で必ずしも十分に論究していなかったこともあり、これらの点について、補充したものである。とりわけ、新たな法形式

に関する提言のうち、結果的に後の有限責任事業会社制度に結びつけられる内容を有するものとしてGehbの提言が評価されていること[2]を確認することができた。

3　商号使用に関する判決（本書第4章）

本書第4章に所収した論稿では、有限責任事業会社の商号使用に関して連邦最高裁から新たな判決が出されたことから、当該判決の紹介および分析を行うとともに、我が国の会社に関する商号使用についても同様の問題が生ずる可能性があるかについて考察を行っている。同判決では、行為者の信頼責任を民法典179条の類推によって認めているが、その前提として、通常の有限会社について法形式の付加語を省略して本人すなわち有限会社のために行為した者について同様の民法典179条の類推という法律構成を用いて無限責任を認めてきた連邦最高裁の判例の蓄積があり、前記判決は、有限責任事業会社についても、通常の有限会社としての法形式の付加語を用いて行為した者の責任を同様の法律構成を用いて認めた点に特色があると言えよう。ただ、前記判決による法律構成に対しては、学説では有力な批判があることも指摘しておいた。いずれにせよ、本論稿によって、ドイツの小規模企業法制に係る重要な企業形態として利用されている有限責任事業会社と従来から利用されてきた通常の有限会社との間の信頼性について看過することができない乖離状況が生じていることが明らかにされるとともに、我が国においても会社に係る商号使用について類似の問題が生ずる可能性があることを指摘することができた。

4　弁護士による有限責任事業会社の利用（本書第5章）

本書第5章に所収した論稿は、有限責任事業会社が利用され得る職種の限界を探る試みの1つとして、ドイツ連邦弁護士法（BRAO）（以下「連邦弁護士法」とする。）に基づく弁護士会社と有限責任事業会社との関係を論じたものである。

---

2) Lutter/Hommelhof, GmbH – Gesetz 17Aufl., Dr. Otto Schmidt 2009, S. 234 (Rdn. 1) (Lutter).

連邦弁護士法に基づく弁護士会社は、法形式としては、有限会社である。このような有限会社としての弁護士会社と並んで、同様の資本会社である株式会社の形態を弁護士が利用できるかいわゆる「弁護士株式会社（Rechtsanwalts-AG）」について、連邦最高裁によって肯定的な判断が下されている。さらに、連邦弁護士法によって認められた有限会社という法形式についても2008年の有限会社法改正が関わってくることは否定できない以上、有限責任事業会社としての弁護士会社が認められるかについても問題とせざるを得ない。本書第5章に所収した論稿では、有限責任事業会社としての弁護士会社を肯定する見解が有力である[3]一方で、実際に有限責任事業会社という法形式が弁護士にとってあまり魅力的でないという状況を明らかにしている[4]。ちなみに、最近の資

---

3) Henssler, in : Henssler/Prütting, Bundesrechtsanwaltsordnung, 3. Aufl., § 59c BROA Rz. 3., ders., 4Aufl., § 59c Rz. 3.「有限責任事業会社としての弁護士会社が認められるか」という点に関し、2012年11月10日に中央大学市ヶ谷キャンパスで開催されたフォーラム「職業法としての弁護士法の現在問題」において、Henssler教授が行った基調報告「ドイツおよびヨーロッパにおける弁護士職業法の展開」に関する筆者からの質問に対して、「（UGのような）有限会社の下部形態が弁護士にとって弁護士会社の設立のために選択できるのかという問題を、私は……肯定しております。これは支配的見解でもあります。UGの問題は、それが1ユーロでも設立できるので、債権者の保護のために特別な保護規定が適用されるかという点にありますが、弁護士会社の場合には、この点で問題はありません。というのは、依頼者の保護のために弁護士会社は個々の保険事故に対して最低250万ユーロの保険をかけなければならないからです（連邦弁護士法59条j第1・2項）。UGの場合にも依頼者が確信するのは、UGで働く弁護士に義務違反があった場合依頼者は250万ユーロの請求権で保護されるということです。依頼者にとってみれば、UGの場合に自己資本が1ユーロであるか、通常の有限会社の場合のようにそれが少なくとも25,000ユーロあるかは何の役割を果たすものではありません。」との回答を得ている（森勇／米津孝司編『ドイツ弁護士法と労働法の現在』日本比較法研究所研究叢書2014、93、245頁以下）。
4) この点に関して、前掲注3)のフォーラムにおいてHenssler教授は「UGは、LLP（有限責任事業組合）にとって競争相手とはなりません。このことは税務上の理由によります。UGは通常の有限会社と同じく資本会社として課税され、とりわけ営業税（Gewerbesteuer）を払わねばなりません（この点について、営業税法（GewStG）

料によれば、2014 年 1 月 1 日の時点で、ドイツにおける弁護士の数は 162,695 であるが、そのうち弁護士会社の数は 654 であり、弁護士株式会社の数は 26 にしか過ぎない[5]。また、別の資料では[6]、2015 年 1 月時点で、有限責任事業会社として登記されている弁護士会社は 13 だけである。このような数字となる理由として、Günal は、法形式として有限責任事業会社を選択することが、信頼性（Seriosität）や信用度（Bonität）を欠くものと示唆されることを弁護士が虞れること、法形式の付加語からして外部者にとって、業務執行者が 25,000 ユーロの基本資本を調達する意思がなかったあるいはその能力がなかったことが既に明らかであること、を掲げている[7]。筆者も以上の意見を支持したい。

5　パートナーシャフト有限職業責任会社（本書第 6 章）

本書第 6 章に所収した論稿は、本書第 5 章に所収した論稿で専門職、自由業としての弁護士業が利用し得る法形式について資本会社を中心とした結果、自由業者のための組織形態としてのパートナーシャフト会社に関する論述に至らなかった点を補充するとともに、自由業者のための法形式を規律するパートナーシャフト会社法に関し 2013 年改正法によってパートナーシャフト有限職業責任会社（PartG mbB）が制度化されたこと、制度化に伴ってパートナーシャフト有限職業責任会社のパートナーシャフト登記簿への記載内容に関する新たな裁判所決定を見出すことができたことを契機に、パートナーシャフト有限職業

---

2 条 2 項）。一方、LLP は UG と同じ有限責任というメリットがありますが、それ以上に、LLP は人的会社として課税されるので、結果的に弁護士にとって LLP の方が有利なことは明らかであるからです。」と回答されていた（森／米津編・前掲 246 頁）。

5) Große Mitgliederstatistik der Bundesrechtsanwaltskammer 2014, http://www.brak.de/w/files/04_fuer_journalisten/statistiken/grmgstatisitik2014_korr.pdf 同資料によれば、パートナーシャフト会社の数は、3364 である。

6) Gemeinsames Registerportal der Länder, www. handelsregister.de, Deniz Günal, Organisationsformen der freien Berufe in Deutschland am Beispiel der Rechtsanwälte. 比較法雑誌 49 巻 1 号、203、207。

7) Günal, a. a. O. (Fn. 6), 207.

責任会社に係る法状況に関する最新の情報を目的として執筆したものである。

同論稿で確認されたのは、パートナーシャフト有限職業責任会社の導入の契機となったのは、イギリスにおける LLP の形式がドイツにおいて広く用いられることに対して、とりわけ弁護士業の分野で、LLP に対するドイツ法上の代替物を創造すべきとの要求が強まったことである。

既に本書第 1 章に所収した論稿で確認されたように、資本会社としての有限会社を規律する有限会社法において 2008 年改正法によって有限責任事業会社が導入された社会的背景として、有限会社とイギリスの Limited との競争状態があったことが指摘されているが、自由業に関しても、パートナーシャフト会社とイギリスの LLP との競争状態があり、それぞれの状況を打開し、従来のドイツの法形式である有限会社・パートナーシャフト会社を存続しつつ、それぞれの「変形」としての法制度、すなわち、有限責任事業会社・パートナーシャフト有限職業責任会社を採用するという共通の技法をドイツの立法者が採用したことは、非常に興味深いことである。

なお、有限会社法における有限責任事業会社の制度化では、新たな法形式を創造せずに「変形」としての制度を採用しつつ、通常の有限会社に関する規律中に、直接、最低資本金額を縮減に関する定めを持ち込まず、有限会社という「変形」を利用して間接的に最低資本金額縮減をはかるという効果を実現しようとした立法者の意図があったものと考えることができる[8]。他方、パートナーシャフト有限職業責任会社の制度化に際して、立法者が意図したことは、イギリスの LLP と同様、職務上の過誤に基づく責任の制限をもたらす制度を実現することにあったことは明らかである[9]。その限りで、両者の法改革の意図するところが異なることは筆者も認める次第である。従って、より厳密に言えば、立法手法に関して、本文で両者の改革に共通することは、「変形」という概念を用いることによって、新たな法形式ではなく、従来の法形式に係る規律

---

[8] Vgl. Rüdiger Veil, Die Unternehmergesellshaft im System der Kapitalgeseiishaften, ZGR 2009, 623, 625 ff.

[9] Begründung des RegE BT-Drucks. 17/10487, S. 11.

の範囲内に新たな制度を取り込んだことであり、政策的には、このような「変形」をイギリスの制度に対する対抗手段として位置づけたことであろう。

II 課　　　題

1 現　　　状

　以上、本書で論じてきたことから、2008年有限会社法改正法によって制度化された有限責任事業会社については、その制度導入以降、有限責任事業会社の数は順調に増加してきており、2014年11月1日の時点では、103,686社となっている[10]。これと並んで、有限責任事業会社から通常の「完全有限会社（Voll-GmbH）」となったものが、上記時点で、8,464社、有限合資会社（UG&Co. KG）の形態を採るものが、7,586社を数えている。以上の数字からすると、2008年の立法は、その限りで成功をおさめたとも言えよう[11]。ただ、本書で既に論じてきたように、有限責任事業会社には、1ユーロで設立された会社であるというイメージが常に付きまとい、その限りで、負のシグナルを発していることは否定できない。このことが端的に反映されたのが、弁護士会社としての有限責任事業会社の利用状況であるといわざるを得ない。

　勿論、そのようなイメージの問題だけでなく、法的にも克服されなければならない問題、とりわけ、通常の有限会社に関する規制との整合性の問題、つまり、導入された有限責任事業会社に関する特則規定と従来の有限会社に関する既存の規定との間で、従来の規定の類推を認めてよいか等、一部調整を図るべき課題が出て来ていることや名称の不正使用に係る問題が存することも既に指摘してきた通りである。同様のことは、2013年に制度化されたパートナーシ

---

10) www.rewi.uni-jena.de/Forschungsprojekt+Unternehmergesellschaft_p_15120-path-88632.html

11) Antje Mathez, Mit einem Euro zum Erfolg, 02, 11, 2013. http://www.fr-online.de/wirtschaft/unternehmen-mini-gmbh-mit-einem-euro-zum-erfolg,1472780,24883972.html

ャフト有限職業責任会社についても存している。この点については、次節(2)を参照されたい。

　さらに、有限責任事業会社・パートナーシャフト有限職業責任会社の利用と絡んで、それぞれのドイツにおける競争相手であるイギリスの Limited・LLP の状況についても触れなければならない。入手できた資料によれば、2013 年で、ドイツで登記されている Limited の数は 1,049 社とされており[12]、2008 年の 17,524 社[13]と比べても減少傾向にある。

　この点で、ドイツの登記実務上、Limited の設立について若干補足したい。外国の会社がドイツ国内において活動し得る形態としては、① ドイツ法に基づき子会社（Tochtergesellshaft）を設立すること、② 独立した形態をとらない営業所（Betriebsstatte）として活動すること、③ 独立した支店（Zweigniederlassung）として活動することが掲げられる。① について、圧倒的多数は、有限会社の形式が選択されている。② について、手続き上、営業届け（Gewerbeanmeldung）を出すだけでよいが、商業登記簿への登記がない点で不利益を生ずる場合があるとされている[14]。これに対して、③ について、ドイツ商法典の意味における支店とは、本店とは地域的に離れており、本店の監督下にあるものの、経済的および組織的に独立している営業所のことをいう[15]。すなわち、活動の継続性、少なくとも事業目的の一部を表す業務の処理、地域的独立性、組織的独立性、人的独立性等が認められれば、イギリスの Limited は、支店として、ドイツの登記簿に登記されるのである。このことは、ドイツに管理部門の所在

---

12) Kornblum, Bundesweite Rechtstatsachen zum Unternehmens- und Gesellschaftsrecht (Stand 1. 1. 2014), GmbHR 2014, 694.

13) Kornblum, Bundesweite Rechtstatsachen zum Unternehmens- und Gesellschaftsrecht (Stand 1. 1. 2010), GmbHR 2010, 739.

14) Just, Die englishe Limited in der Praxis, 4. Aufl. 2012, Rn. 41.

15) Baumbach/Hopt, Handelsgesetzbuch 35. Aufl., §13 Rn. 3 によれば、① 本店に対する地域的独立性、② 本店に対する下位性、③ 法取引への独立した参加、④ 人的な最小限の組織、⑤ 物的な最小限の組織、が支店として認められるためのメルクマールとして掲げられている。

地（Verwaltungssitz）がある支店としての Limited であっても同様である[16]。

例えば、イギリス法に基づきイギリスで Limited として設立された会社は、ドイツにおいても私法上の法人として認知される。すなわち、イギリスの会社登記所（Companies House）での会社登記および登記証明書の交付によってその Limited は、法人格を取得し、法人として法取引に参加することができる[17]。このような法的地位は、EU の加盟国で設立された会社として、ドイツにおいても当該 Limited に認められてきた[18]。そこで、前記①～③のような形態で、当該 Limited は、ドイツ国内において活動することができるのである。ただ、そのうち③について、支店としての独立性が認められるだけでなく、管理部門の所在地がドイツに存するものと認められる場合、例えば、設立登記がなされたイギリスにおいては取引活動を行わず、専らドイツの支店所在地において実際の取引活動を継続している場合には、本店が国外にある会社の国内の支店の登記に関する商法典の規定（HGB §§ 13d・13e）に従い、登記が行われることになる[19]。そのような Limited が、「支店」として登記されることは、商法典 13d 条以下の規定に反する訳ではない。Just によれば、登記による公示が目的とするところは、国内の商取引が、会社関係の情報を知る可能性を有することにある。この目的を追求するためには、事実上その本店をドイツに有する会社もまた登記簿に登記されなければならないのである[20]。

なお、実務上、法的サービスを提供する営業、とりわけ、会社の設立手続に関する書類の提供や設立に関するアドバイスを専門的に行っている会社の中に

---

16) Just, a. a. O. (Fn. 14), Rn. 42.

17) Vgl. Klaus J Müller, Die Limited in Deutschland : Ein Überblick über das anzuwendende englische Gesellschaftsrecht, DB 2006, 824 ff.

18) Vgl. BGH, Urt. vom 13. März 2003 –VII ZR 370/98–, NJW 2003, S. 1461. 同判決について、Ulrich Forsthoff, Internationales Gesellschaftsrecht im Umbruch- Zugleich Anmerkung zu BGH-Urteil vom 13. 3. 2003, DB 2003 S. 986, DB 2003, 979。

19) Andreas Kohde, Limited versus GmbH – ein Rechtsformvergleich, Information StW, 2006, 24, Baumbach/Hopt, a. a. O. (Fn. 15) Rn. 1. § 13 Rn. 1.

20) Just, a. a. O. (Fn. 14), Rn. 43.

は、インターネットを通じて、ドイツに固有の有限会社や有限責任事業会社と並んで、イギリスの Limited のドイツ国内での設立についても同様のサービスを提供する旨の広告を提供している会社が現在も見受けられる[21]。

一方、同じくイギリスの LLP について見れば、LLP も、ドイツに管理部門の所在地があったり支店としてのメルクマールを充たしていれば、ドイツにおいて登記義務があることになる[22]。その際問題となるのは、LLP を商業登記簿に登記すべきか、それともパートナーシャフト登記簿に登記すべきかということである。この点、Henssler によれば、自由業を行う LLP は、パートナーシャフト会社と同様に取り扱われるべきであり、それ故、パートナーシャフト登記簿に登記すべきものとされている[23]。なお、公式の数字はないが、Günal によれば、2015 年時点でパートナーシャフト登記簿上 65 件の登録が確認されている[24]。

2　未解決の問題── Henssler の示唆

本書のこれまでの論述の中で、なお、法的に検討されなければならない幾つかの問題点を既に指摘してきた（前記 1 参照）。

しかし、なお解決すべき問題が残されている。とりわけ、本書第 6 章に所収した論稿との関係で、Henssler は、パートナーシャフト有限職業責任会社に関する最近の論稿[25]で、2013 年のパートナーシャフト有限職業責任会社制度の導入後もなお未解決のままで残されている幾つかの問題について触れている。具体的には、継続的委任の適用範囲、保険契約法上の問題点、法形式の付

---

21) 例えば、https://go-ahead.de/ が掲げられる。ただし、同社のような業者による Ltd. の宣伝上の評価に関しては、Miras によって批判的な論評がなされている（Antonio Miras, Die neue Unternehmergesellschaft, 2. Aufl., C. H. Beck 2011, S. 35 ff.）。
22) Henssler, in : Henssler/Prüttung, BROA 4. Aufl. Anhang § 59c ff. BROA, Rz. 27b.
23) Henssler/Prüttung, a. a. O. (Fn. 22).
24) Günal, a. a. O. (Fn. 6), 213.
25) Martin Henssler, Die PartGmbB – großer Wurf oder (zu) kleine Lösung?, AnwBl 2014, 96.

加語の欠落、残存する責任リスク等という諸点である。

　本節では、本書の第6章との関係で、以下に法形式の付加語の問題についてHensslerの意見を紹介し、本書で論じた内容を補充し、確認するとともに、本書で論じきれなかったものについては、今後の研究課題としたい[26]。

　まずHensslerは、立法手続の中で明らかに充分に考慮されて来なかった問題に数えられるのは、パートナーシャフト会社法8条4項3文の名称基準の責任法上の意義であるとする。すなわち、「純然たる商号規定 (reine Firmenvorschrift)」として形付けられたものに応じて、どんな場合でもそれをないがしろにした場合、商法典37条と結び付くパートナーシャフト会社法2条2項による商号法上のサンクションが手を差し伸べられるとしたうえ[27]、パートナーの個人責任に関して、それぞれ3種類の違反（後記(1)～(3)）が区別されなければならないとしている[28]。

(1)　Hensslerがまず掲げたのは、パートナーシャフトが法律上の基準に従い責任保険契約を締結しているものの、名称に相応した定款（会社契約）の変更をしていない場合である。

　この場合、商法典15条1項に結び付くパートナーシャフト会社法5条2項は、上記の場合は登記義務のある事実が欠けているが故に、それ以上の助けにはならないとされる。なるほど名称変更は、パートナーシャフト会社法4条1項3文によりパートナーシャフト登記簿に登記されなければならないが、名称の正確な形成に関し前もって決定する相応の決議がなされる前は、申請すべきものは何もない。この点で、立法資料が前提としているのは、パートナーシャフト会社法8条4項3文自体が名称の付加語の登記を定めることであるように

---

26)　パートナーシャフト有限職業責任会社に関する最近の文献として、Schumacher, Antije, Die Partnerschaftsgesellschaft mit beschränkter Berufshaftung für Rechtsanwälte, Dunkcer & Humblot, 2015.
27)　商法典の規定の準用について、本書第6章注14)参照。
28)　Henssler, a. a. O. (Fn. 20), S. 100.

見えるが[29]、このことは同条の法文には何も表されておらず、従って、考えられることは、せいぜい一般的な権利外観法理による責任であろうとしつつも[30]、Henssler は、パートナーシャフトが法取引において既に責任制限を示唆している場合には、その責任は広範囲にわたって回避されてしまうとして、問題点が残されていることを示唆している[31]。

(2) 次に Henssler が掲げているのは、パートナーシャフトが名称変更をしたものの、登記および公示を怠っていた場合である。この場合、第三者は商法典 15 条 1 項に結び付くパートナーシャフト会社法 5 条 2 項を超えて抽象的な信頼保護が認められるとされ、前記(1)の場合よりも問題性はそれほどではないとされている[32]。すなわち、商業登記の沈黙から引き出すことができる正当な帰結は、委任事務処理者の職務上の過誤に対する責任は制限されないというものである、一方、パートナーシャフト登記簿の消極的公示の結果は、委任者に対して責任制限に関する積極的な通知がなされていたことが証明される場合にのみ回避され得るというのである。なお、Henssler は、当初から名称変更をしていないパートナーが、単にその公示を怠っていただけの者よりもより良いということは承服できないとし、（当初から意図されたような）責任制限の基礎となる前提としての名称の付加語の登記がなされているか、それとも、責任制限の事実がそれ自体登記が義務付けられていると明らかにされるかということが、より重要であるとしている[33]。

(3) 実際に一番重要なこととして、第 3 番目に掲げられているのは、営業取引において名称の付加語の使用を怠った場合、つまりパートナーシャフト会社法 7 条 5 項違反の場合である。Henssler は、この例として、以前パートナーシ

---

29) Bericht des Rechtsausschusses, BT-Drucks. 17/13944 S. 20.
30) Uwer/Roeding AnwBl 2013, 483（本書第 6 章注 45）参照), Urlich Seibert, Die Partnerschaftsgesellschaft mit beschränkter Berufshaftung (PartGmbB), DB 2013, 1710, 1713.
31) Henssler, a. a. O. (Fn. 20), S. 100.
32) Henssler, a. a. O. (Fn. 20), S. 100 f.
33) Henssler, a. a. O. (Fn. 20), S. 101.

ャフトであったときのレター用紙がそのまま使用されていたような例を挙げ、立法理由書では、このような場合は、責任制限を有する会社が法取引においてその責任制限について惑わすような場合に、適用される一般規制によって処理されるべきものとされており[34]、本書第 4 章で取り扱った連邦最高裁 2012 年 6 月 12 日判決[35]が、法形式の付加語を欠く場合にことに民法典 179 条の類推により行為者の責任を認めた点に言及している。この点で、Henssler は、本書第 6 章 Ⅲ 3 においても同様の指摘をなしているが、前記判決の法理は批判されており[36]、無限責任と同様の権利外観が生じているか否かは個々の事案の状況によってのみ判断されることになると指摘して[37]、なお問題点が残ることを繰り返し示唆している[38]。

Ⅲ　有限責任協働事業組合

　連邦司法省が 2013 年 3 月に公表した「協同組合における協働事業組合の採用及び官僚体制の更なる撤廃のための法律の報告者草案」[39]では、登記済み協働組合の下部形式として、義務的監査団体への強制加入（Pflichtmitgliederschaft）及び義務的監査から解放される「有限責任協働事業組合（Kooperationsgesell-schaft (haftungsbeschränkt)）」を制度化しようとしている。

　この新たな形式の導入のモデルとされたのは、有限会社法における有限会社

---

34) Begrundung RegE, BT-Drucks. 17/10487, S. 14.
35) BGH, Urteil vom 12. Juni 2012 – II ZR 256/11.
36) Henssler は、ここで批判者として、Altmeppen, Irrungen und Wirrungen um den täuschenden Rechtsformzusatz und seine Haftungsfolgen, NJW 2012, 2833, 2835（本書第 4 章注 60）を引用している。
37) Henssler/Prütting, a. a. O. (Fn. 17) § 8PartGG Rz. 72（本書第 6 章注 47）参照).
38) Henssler, a. a. O. (Fn. 20), S. 101
39) Entwurf eines Gesetzes zur Einführung der Kooperationsgesellschaft und zum weiteren Bürokratieabbau bei Genossenschaften (Kooperationsgesellschaft-Einführungsgesetz – KoopeG) von März 2013.

の「変形」として制度化された有限責任事業会社であるとされている。すなわち、同草案によれば、この形式により、非常に小規模な協働組合が設立でき、そして、強制加入及び義務的監査から解放されるのである。協働事業組合（Kooperationsgesellschaft）という名称を通じて、法取引において、義務的監査のある協働組合（Genossenschaft）ではないことが明らかにされることになる[40]。

　この有限責任協働事業組合の制度化の実現については、ドイツの法状況の更なる進展を見据えて[41]、今後の研究課題としていきたい。

---

40)　Referentenentwurf, a. a. O. (Fn. 39).
41)　同草案に関する最近の文献として、Lehmann/ Sieker, Eine neue Rechtsform für kleine Genossenschaften : Der Referentenentwurf zur Einführung einer Kooperationsgesellschaft, ZfgG 2015, 3。

Zusammenfassung I – VI

I. Die Schaffung des Systems der Unternehmergesellschaft nach dem MoMiG in Deutschland

Mit dem am 1. 11. 2008 in Kraft getretenen Gesetz zur Modernisierung des GmbH–Rechts und zur Bekämpfung von Missbräuchen (MoMiG) ist die Unternehmergesellschaft (haftungsbeschränkt) als eine existenzgründerfreundliche Variante der GmbH in Deutschland geschaffen worden.

Die Unternehmergesellschaft kann mit einem beliebigen Stammkapital gegründet werden, das den Mindeststammkapitalbetrag von 25.000 € nach § 5 Abs. 1 GmbHG unterschreitet (§ 5a Abs.1 GmbHG). Jeder Gründungsgesellschafter muss mindestens eine Stammeinlage von 1 € übernehmen. Auf das Stammkapital können nur Bareinlagen geleistet werden (§ 5a Abs. 2 GmbHG). Die UG muss in der Firma die Bezeichnung „Unternehmergesellschaft (haftungsbeschränkt)" oder „UG (haftungsbeschränkt)" führen (§ 5a Abs. 1 GmbHG). Die UG hat in ihrer Jahresbilanz eine gesetzliche Rücklage zu bilden, in die jeweils ein Viertel des Jahresüberschusses einzustellen ist. Diese gebildete Rücklage darf nur zu bestimmten Zwecken verwendet werden (§ 5a Abs. 3 GmbHG). Im Übrigen sind auf die UG - von den Sonderregeln der § 5a Abs. 1 bis 5 GmbHG abgesehen - die Vorschriften des GmbH-Gesetzes anzuwenden.

Anders als in Deutschland sind mit dem am 1. 5. 2006 in Kraft getretenen japanischen Gesellschaftsgesetz (*kaisha-hō*) die bisherigen Regelungen über die GmbH in neue Regelungen über die AG eingegliedert worden. Damit wurde das damalige japanische GmbH-Gesetz abgeschafft. Als einen Grund für die Abschaffung der GmbH führte der japanische Gesetzgeber an, dass viele japanische Unternehmer die AG ohnehin als Variante mit vinkulierten Aktien gewählt haben.

Bislang existierende GmbH, die nach dem Inkrafttreten des neuen Gesetzes als AG neuen Rechts behandelt werden, können als sog. Sonder-GmbH (*tokurei yūgen gaisha*) ihre bisherige Firma mit dem Zusatz „GmbH" (*yūgen gaisha*) beibehalten (§ 2 Abs. 1 Gesetz zur Änderung der betreffenden Gesetze beim Inkrafttreten des Gesellschaftsgesetzes (*kaishahō no shikō ni tomonau kankeihōritsu no seibitō ni kansuru hōritsu*).

II. Über die Gründung der Unternehmergesellschaft

Mit der GmbHG-Reform durch das MoMiG können GmbH nach § 2 Abs. 1a GmbHG in einem vereinfachten Gründungsverfahren unter Nutzung einer Musterprotokolls errichtet werden. Auch die UG kann in der Regel in diesem Verfahren gegründet werden. Daraus folgt, dass das vorherige als zu langwierig empfundene Gründungsverfahren der GmbH beschleunigt werden kann. Nach Meinung des Autors könnte man diese Beschleunigung mit der Verkürzung der Existenzzeit der Vor-GmbH in Verbindung bringen, damit es weniger Konflikte im Zusammenhang mit der Vor-GmbH gäbe.

III. Die Reichweite des Sacheinlageverbots bei der Unternehmergesellschaft gemäß § 5a Abs. 2 S. 2 GmbHG

Auf das Stammkapital der UG können nur Bareinlagen geleistet werden (Sacheinlageverbot; § 5a Abs. 2 S.2 GmbHG). In diesem Zusammenhang widmet sich der Autor zwei relevanten Beschlüssen des II. Senats des BGH. Die beiden Entscheidungen betreffen die Reichweite des Sacheinlageverbots. Zum einen wird der Beschluss des BGH vom 19. 04. 2011 (II ZB 25/10) behandelt, in dem es um die Grenzen des Sacheinlageverbots bei Kapitalerhöhungen geht. Zum anderen wird der Beschluss des BGH vom 11. 04. 2011 (II ZB 9/10) beleuchtet. Dabei wird ein Sachverhalt dargestellt, bei dem das Registergericht die Abspaltung eines Teils des Vermögens einer GmbH auf eine UG mit Verweis auf § 5a Abs. 2 S. 2 GmbHG abgelehnt hat, da eine Neugründung dieser durch Sacheinlagen nicht zulässig sei.

IV. Die Haftung des für eine UG auftretenden Handelnden bei Verwendung des unrichtigen Rechtsformzusatzes „GmbH"

Der Autor beschäftigt sich hier mit dem relevanten Urteil des II. Senats des BGH vom 12. Juni 2012 (II ZR 256/11, NJW 2012, 2871), in dem es um die Rechtsscheinhaftung des Handelnden bei unrichtigem Rechtsformzusatz geht. In dem zugrundeliegenden Sachverhalt firmierte ein Vertreter einer Unternehmergesellschaft (haftungsbeschränkt) für diese unter dem Zusatz „GmbH". Im Ergebnis nimmt der BGH eine Haftung des Vertreters nach § 179 BGB analog an.

Wie eingangs dargestellt, hat der japanische Gesetzgeber mit dem am 1. 5. 2006 in Kraft getretenen japanischen Gesellschaftsgesetz (*kaisha-hō*) das japanische GmbHG und damit die japanische GmbH abgeschafft. Die entsprechenden Regelungen über die GmbH wurden in neue Regelungen zur AG überführt. Bislang existierende GmbH, die nach dem Inkrafttreten des neuen Gesetzes als AG neuen Rechts behandelt werden, können als Sonder-GmbH (*tokurei yūgen gaisha*) ihre bisherige Firma mit dem Zusatz „GmbH" (*yūgen gaisha*) beibehalten. Darüber hinaus hat der japanische Gesetzgeber die bisherige Vorschrift über die Aufbringung des Mindestkapitals der AG (§ 168-4 JHGB a.F.) aufgehoben.

Seitdem gibt es unter dem Gesichtspunkt des Rechtsscheins keinen Unterschied zwischen dem Rechtsformzusatz „GmbH" (*yūgen gaisha*) und „AG" (*kabushiki gaisha*), auch wenn der für eine Sonder-GmbH auftretende Vertreter den unrichtigen Zusatz *„kabushiki gaisha"* verwendet. Die Möglichkeit des Rückgriffs nach den Grundsätzen der Rechtsscheinhaftung analog § 117 japanisches BGB gibt es hingegen dann, wenn der für eine AG Handelnde statt *kabushiki gaisha* den Zusatz „OHG" (*gōmei gaisha*) oder KG (*gōshi gaisha*) verwendet.

V. Die Rechtsanwaltsgesellschaft, Rechtsanwalts-AG und Rechtsanwalts-UG in Deutschland

Zunächst beschäftigt sich der Autor mit dem relevanten Beschluss des 3. Zivilsenats des BayObLG vom 27. 3. 2000 (3Z BR 3 331/99 ; NJW 2000, 1647), in dem es um die Zulässigkeit des Zusammenschlusses von Rechtsanwälten zur gemeinsamen Berufsausübung in einer Aktiengesellschaft ging.

Darüber hinaus befasst sich der Autor mit der Frage, der Zusammenschluss von Rechtsanwälten zur gemeinsamen Berufsausübung auch in einer Unternehmergesellschaft zulässig ist. Dies ist zu bejahen. Es ist unbestritten, dass eine Rechtsanwaltsgesellschaft mbH auch als UG gegründet werden kann.

VI. Einführung der Partnerschaftsgesellschaft mit beschränkter Berufshaftung in Deutschland

Mit dem am 13. 7. 2012 in Kraft getretenen Gesetz zur Einführung einer Partnerschaftsgesellschaft mit beschränkter Berufshaftung und zur Änderung des Berufsrechts der Rechtsanwälte, Patentanwälte, Steuerberater und Wirtschaftsprüfer ist die Partnerschaftsgesellschaft mit beschränkter Berufshaftung als eine Variante der Partnerschaftsgesellschaft in Deutschland geschaffen worden. Die Partnerschaftsgesellschaft mit beschränkter Berufshaftung muss in ihrem Namen die Bezeichnung „mit beschränkter Berufshaftung" oder „mbB" führen (§ 8 Abs. 4 S. 3 PartGG).

Vorliegend beschäftigt der Autor sich mit dem Beschluss des 12. Zivilsenats des OLG Nürnberg vom 5. 2. 2014 (ZIP 2014, 420–421 = GmbHR 2014, 429–431 = NZG 2014, 422–423.). Dem Beschluss liegt ein Sachverhalt zugrunde, in dem das Registergericht einen Antrag auf Eintragung der Bezeichnung „Partnerschaftsgesellschaft mit beschränkter Berufshaftung" als Rechtsform in Spalte 4 des Partnerschaftsregisters an Stelle der bisherigen Bezeichnung „Partnerschaft" abgelehnt hat, da eine Unterscheidung der Partnerschaftsgesellschaft mit beschränkter Berufshaftung zu einer „normalen" Partnerschaft ohne Haftungsbeschränkung ausreichend im Namen der Partnerschaft zum Ausdruck gebracht werde. Das OLG entschied, dass die Entscheidung des Registergerichts im Ergebnis einer rechtlichen Überprüfung standhalte, da eine Partnerschaftsgesellschaft mit beschränkter Berufshaftung keine andere Rechtsform als eine Partnerschaft ohne eine derartige Haftungsbeschränkung darstelle, sondern es sich lediglich um eine Rechtsformvariante handele.

参 考 文 献

Ahlers Dieter, Die Anwalts-GmbH nach geltendem Recht, AnwBl, 1991, 226.
Altmeppen Holger, Disponibilität des Rechtsscheins, Dr. Otto Schmidt, 1994.
—— Geschäftsleiterhaftung für Weglassen des Rechtsformzusatzes aus deutsch-europäischer Sicht, ZIP, 2007, 889.
—— Irrungen und Wirrungen um den täuschenden Rechtsformzusatz und seine Haftungsfolgen, NJW, 2012, 2833.
Baumbach/Hopt, Handelsgesetzbuch 35. Aufl, C. H. Beck, 2012.
Baumbach/Hueck, GmbHG 15. Aufl, C. H. Beck, 1988.
Bayer Walter, Moderner Kapitalschutz, ZRG, 2007, 220.
Bayer/Hoffmann, Die Unternehmergesellschaft (haftungsbeschränkt) des MoMiG zum 1. 1. 2009-eine erste Bilanz, GmbHR, 2009, 124.
Beck Lukas, Keine Haftung des "UG"-Geschäftsführers, GmbHR, 2014, 402.
Berninger Axel, Aufstieg der UG (haftungsbeschränkt) zur vollwertigen GmbH - Zugleich Besprechung der Beschlüsse des BGH vom 11. 04. 2011 – II ZB 9/10 und vom 19. 04. 2011 – II ZB 25/10, GmbHR, 2011, 953.
Bork/Schäfer, GmbHG. Kommentar zum GmbH-Gesetz, RWS, 2010.
Canaris Claus-Wilhelm, Die Vertrauenshaftung im Lichte der Rechtsprechung des Bundesgerichtshofs, in: 50Jahre Bundesgerichtshof, Festgabe aus der Wissenschaft Bd. I, München, 2000, 129.
—— Die Vertrauenshaftung im deutschen Privatrecht, unveränderter Nachdruck, C. H. Beck, 1981.
Dauner-Lieb/Heidel/Ring (Hrsg.), Nomoskommentar BGB Allgemeiner Teil: EGBGB Bd. 1, Aufl, Nomos, 2005.
Drygala Tim, Für eine alternative Rechtsform neben einer reformierten GmbH - Leipziger Entwurf einer Kommanditgesellschaft mit beschränkter Haftung (KmbH), ZIP, 2006, 1797.
Eidenmüller Horst, Die GmbH im Wettbewerb der Rechtsformen, ZGR 2007, 2007, 169.
Ensthaler/Füller/Schmidt, Kommentar zum GmbH-Gesetz, 2. Aufl, Luchterhand, 2010.
Ewer Wolfgang, Die Antwort auf die Flucht in die Anwalts-LLP: Passen wir unser Recht an, AnwBl, 2010, 857.

Feuerich/Weyland, BRAO, 6. Aufl, C. H. Beck, 2003.

Freherr Joachim Berichtserstatter, Vorschlag des Berufsrechtausschusses und Sozietätsrechtsausschusses des Deutschen Anwaltsvereins für eine gesetzliche Regung der Rechtsanwaltsaktiengesellschaft, AnwBl, 2001, 158.

Freitag/Riemenschneider, DieUnternehmergesellschaft-"GmbH light"als Konkurrenz für die Limited?, ZIP, 2007, 1485.

Funke Rainer, Der Regierungsentwurf zur Rechtsanwalts-GmbH, AnwBl, 1998, 6.

Gehb/Drange/Hecklmann, Gesellschaftlicher Typenzwang als Zwang zu neuem Gesellschaftstyp, NZG, 2006, 88.

Gehb/Heckelmann, Gesellschaftsrechtsreform im Doppelpack – Gründerinteressen dürfen hinter dem Gläubigerschutz nicht zurücktreten, GmbHR, 2006, R349.

Gehb Jürgen, Arbeitentwurf eines Unternehmergesellschaftsgesetzes.

Gersch/Herget/Marsch/Stützle, GmbH-Reform 1980, Forkel-Verlag, 1980.

Gerlt Uwe Carsten, Der Gestzentwulf zur Anwalts-GmbH : Ein Abschreckungsversuch?, MDR, 1998, 259.

Gräber/Koch, Finanzgerichtsordnung, 5. Aufl., C. H. Beck, 2002.

Grams Holger, Möglichkeiten der Haftungsbeshränkung für Rechtsanwälte (2. Teil), AnwBl, 2001, 292.

Grunewald Barbara, Die Partnerschaftsgesellschaft mit beschränkter Berufshaftung, GWR, 2013, 393.

Günal Deniz, Organisationsformen der freien Berufe in Deutschland am Beispiel der Rechtsanwälte, 比較法雑誌 49 巻 1 号、2015, 203.

Hachenburg/Ulmer, GmbHG 8. Aufl, 1992.

Handelsausschuss des Deutschen Anwaltsvereins, Stellungnahme zum Regierungsentwuf eines Gesetzes zur Modernisierung des GmbH – Rechts und zur Bekämpfung von Missbräuchen (MoMiG), NZG, 2007, 735.

Heinemann Peter, Rechtsformwahl und Anwalts-GmbH, AnwBl, 1991, 233.

Hellwig Hans-Jürgen, Die Rechtsanwalts-GmbH, ZHR 161, 1997, 337.

――― PartG mbB : Sinnvolle Modernisierung, AnwBl, 2012, 345.

Henssler/Prütting, Bundesrechtsanwaltsordnung, 3. Aufl, C. H. Beck, 2010.

――― Bundesrechtsanwaltsordnung, 4. Aufl, C. H. Beck, 2014.

Henssler/Streck, Handbuch Sozietätsrecht 2. Aufl., Dr. Otto Schmidt, 2011.

Henssler Martin, Die Rechtsanwalts-GmbH, JZ, 1992, 697.

――― Die Rechtsanwalts-GmbH – Zulässigkeit und Satzungserfordernisse, ZHR 161, 1997, 305.

――― Der Gesetzesentwurf zur Regelung der Rechtsanwalts-GmbH, ZIP, 1997, 1481.

―― Henssler, Organisatioifreiheit für die Anwaltschaft, in : Zweite Max-Hachenburg-Gedächtnisvorlesung 1996, Heidelberg, 1997.

―― Die PartGmbB – großer Wurf oder (zu) kleine Lösung?, AnwBl, 2014, 96.

Heuck Götz, Handelsgesellschaft auf Einlagen, Eine Alternative zur GmbH & Ko. KG, Band 1, Heidelberg, 1971.

Hirte Heribert, Einführung in : Aktiengesetz, in : GmbH-Gesetz 42Aufl, C. H. Beck, 2010, XV.

Hommerich/Kilian, Berufsausübung in der haftungsbeschränkten Unternehmergesellschaft, AnwBl, 2009, 861.

Jaeger/Müller, Insolvenzordnung, 1. Aufl., 2007.

Just Clemens, Die englische Limited in der Praxis 4Aufl, C. H. Beck, 2012.

Justizministerium Nordrhein-Westfalen, Entwurf eines Gesetz zur Vereinfachung der Gründung einer Gesellschaft mit beschränkter Haftung (GVGG) des Justizministeriums Nordrhein-Westfalen („Basis-GmbH"), 2006.

Kempter./Kopp, Die RechtsanwaltsAG eine Anwaltsgesellschafts sui generis außerhalb des anwaltlichen Berufsrechts?, NJW, 2000, 3449.

―― Hinweise zur Gestaltung der Satzung einer RechtsanwaltsAG, NJW, 2001, 777.

Klose Andreas, Die Stammkapitalerhöhung bei der Unternehmergesellschaft (haftungsbeschränkt), GmbHR, 2009, 294.

Kneisel Katharina, Rechtsscheinhaftung im BGB und HGB – mehr Schein als Sein, JA, 2010, 337.

Kremer Arnold, Freie Berufe in der Rechtsform der GmbH, GmbHR, 1983, 265.

Lehmann/Sieker, Eine neue Rechtsform für kleine Genossenschaften: Der Referentenentwurf zur Einführung einer Kooperationsgesellschaft, ZfgG, 2015, 3.

Lieder/Hoffmann, Zwei auf einen Streich : BGH klärt wichtige Streitfragen zu UG-Kapitalerhöhunge, GmbHR, 2011, R193.

Lutter Markus, Für eine Unternehmer – Gesellschaft(UG) – zur notwendingen Erweiterung der geplanten GmbH – Reform, BB – Special, 2006, 2.

Lutter/Hommelhof, GmbH – Gesetz 17Aufl, Dr. Otto Schmidt, 2009.

―― GmbH – Gesetz 13Aufl, Dr. Otto Schmidt.

Lutter/Winter, UmwG, 4. Aufl. Bd. 1, Dr. Otto Schmidt, 2009. : Meilicke/Westphalen/Hoffmann/Lenz, Partnerschaftsgesellschaftsgesetz, C. H. Beck, 1995.

Michalski/Römermann, PartGG, 4Aufl, RWS, 2014.

Michalski Lutz (Hg.), GmbH – Gesetz Bd. 1, C. H. Beck, 2010.

Miras Antonio, Akutuelle Fragen zur Unternehmergesellschaft (haftungsbeschränkt, NZG, 2012, 486.

―――― Handelndenhaftung für fehlerhafte Firmierung im Rechtsverkehr, NZG, 2012, 1095.

―――― Besprechung von BGH, Urt. v. 12. 6. 1012-IIZR 256/11, NZG, 2012, 989.

―――― Die neue Unternehmergesellschaft, 2. Aufl, C. H. Beck, 2011.

Karsten Schmidt (Hg.), Münchner Kommentar zum Handelsgesetzbuch 3. Aufl., C. H. Beck, 2011.

Kornblum Udo, Bundesweite Rechtstatsachen zum Unternehmens- und Gesellschaftsrecht (Stand 1. 1. 2014), GmbHR, 2014, 694.

―――― Bundesweite Rechtstatsachen zum Unternehmens- und Gesellschaftsrecht (Stand 1. 1. 2010), GmbHR, 2010, 739.

Müller Klaus J, Die Limited in Deutschland : Ein Überblick über das anzuwendende englische Gesellschaftsrecht, DB, 2006, 824.

Müller Welf, Der Überschuldungsstatus im Lichte der neueren Gesetzgebungin FS f. Uwe Hüffer, C. H. Beck, 2010, 701.

MünchKomm, Insolvenzordnung, 2. Aufl., C. H. Beck, 2007.

―――― GmbHG Bd. 1 2Aufl, C. H. Beck, 2015.

―――― GmbHG 1 Aufl, C. H. Beck, 2010.

Oetker Hartmut, Kommentar zum HGB 2. Aufl, C. H. Beck, 2011.

Pluskat Sorika, Triumpf oder Niederlage für die Anwaltschaft?, AnwBl, 2005, 609.

Rennen/Caliebe, RBerG, C. H. Beck, 2001.

Rohde Andreas, Limited versus GmbH – ein Rechtsformvergleich, Information, StW, 2006, 24.

Roth Günter H, GmbHG, C. H. Beck, 1983.

Rowedder/Furrmann/Rittner, GmbHG 2. Aufl., München, 1990.

Römermann/Praß, Die Partnerschaftsgesellschaft mit beschränkter Berufshaftung, NZG, 2012, 601.

Römermann/Wachter, GmbH-Beratung nach dem MoMiG, GmbHR-Sonderheft, 2008, 25.

Römermann Volker, Zur Rechtsscheinhaftung des für eine UG auftretenden Vertreters bei Verwendung des unrichtigen Formzusatzes „GmbH", GmbHR, 2012, 955.

―――― Die Anwalts-Unternehmergesellschaft (haftungsbeschränkt), AnwBl, 2009, 131.

―――― Anwalts-GmbH als "theoretische Variante" zur Partnerschaft? Anmerkungen zum Referentenentwurf eines Anwalts-GmbH-Gesetzes, GmbHR, 1997, 530.

―――― Entwicklung und Tendenzen bei Anwaltsgesellschaften, Köln, 1995.

―――― Die PartG mbB - eine neue attraktive Rechtsform für Freiberufler, NJW, 2013, 2305.

Seanger/Inhester (Hg.), GmbHG Handkommentar 2. Aufl, Nomos, 2013.

Schäfer/Hemberger, Rechtsscheinhaftung bei unzulässigem Rechtsformzusatz, AL, 2014, 329.

Schall/Westhoff, Warum Deutschland eine neue Kapitalgesellschaftsform braucht, GmbHR, 2004, R. 381.

Schanze Erich, Sanktionen bei Weglassen eines die Haftungsbeschränkung anzeigenden Rechtsformzusatzes im europäischen Rechtsverkehr, NZG, 2007, 533.

Schärtl, Christoph Unternehmergesellschaft (haftungsbeschränkt) – innovatives Konzept oder "typischer Kompromiss", GmbHR 2007, S. R 305 f.

Schumacher Antije, Die Partnerschaftsgesellschaft mit beschränkter Berufshaftung für Rechtsanwälte, Dunkcer & Humblot, 2015.

Schwarz Bernhard, Finanzgerichtsordnung, 2. Aufl, Haufe Verlag, 2002-.

Schwegmann Ricarda, Der Gläubigerschutz in der Unternehmergesellschaft (haftungsbeschränkt), Dr Kovac, 2013.

Semler/Stenge, UmwG, 3 Aufl, C. H. Beck, 2012.

Siebert/Decker, Die GmbH-Reform kommt!, ZIP, 2008, 1208.

Siebert Urlich, Die Partnerschaftsgesellschaft mit beschränkter Berufshaftung (PartGmbB), DB, 2013, 1710.

Spies Melanie, Unternehmergesellschaft (haftungsbeschränkt), Duncker & Humblot, 2010.

Ullenboom, David Die Unternehmergesellschaft (haftungsbeschränkt) nach § 5a GmbHG – bloße Einstiegsvariante oder versatil einsetzbare Rechtsform ?, Schriften zum Handels – und Gesellschaftsrecht, Band 155, Hamburg 2014.

Ulmer/Schäfer, Gesellschaft burgerlichen Rechts und Partnerschaftsgesellschaft 6. Aufl, C. H. Beck, 2013.

Uwer/Roeding, Partnerschaftsgesellschaft mit beschränkter Berufshaftung kommt, AnwBl, 2013, 483.

Veil Rüdiger, Die Unternehmergesellshaft im System der Kapitalgesellshaften, ZGR, 2009, 623.

Vosslus Oliver, Regierungsentwurf zur Part mbB, GmbHR, 2012, R213.

Wachter Thomas, Auswirkungen der Finanzkrise auf die neue Unternehmergesellschaft (haftungsbeschränkt), GmbHR, 2008, 1296.

Wachter Thomas, Verschlankung des Registerverfahrens bei der GmbH-Gründung - Zwölf Vorschläge aus der Praxis, in : Gesellschaftsrechtliche Vereinigung (Hrsg.), Die GmbH-Reform in der Diskussion, Köln, 2006, 55.

―――― Verhandlungen des 66. Deutschen Juristentags BandII 1, München, 2006.

Waldenberger/Sieber, Die Unternehmergesellschaft (haftungsbeschränkt) jenseits der "Existenzgründer" Rechtliche Besonderheiten und praktischer Nutzen, GmbHR, 2009, 114.

Wälzholz Eckhard, Das MoMiG kommt : Ein Überblick über die neuen Regelungen, GmbHR, 2008, 841.
Weber Jörg-Andreas, Die Unternehmergesellshaft (haftungsbeschränkt), BB, 2009, 842.
Wehrheim/Wirtz, Die Partnerschaftsgesellschaft 5. Aufl, ESV, 2013.
Wicke Hartmut, GmbHG Kommentar, C. H. Beck, 2008.
Palmer's Company Law, Sweet & Maxwell.
Parmer's Limited Liability Partnership Law 2nd edition, Sweet & Maxwell, 2011.

稲葉威雄、他「会社の総則・設立」、『別冊商事法務』、114、商事法務研究会、1990、318。
鴻常夫「会社法制の現代化について」、『月刊監査役』、491号、3。
大杉謙一「諸外国のLLC・LLP法の概観」、『法律のひろば』、59巻2号、20。
郡谷大輔＝岩崎友彦「会社法における債権者保護」、相澤哲編著『新・会社法の解説』（別冊商事法務295号）、商事法務研究会、273。
久保寛展「ドイツ現物出資法の展開」、成文堂、2005。
佐久間毅「無権代理人の責任」、奥田先生還暦記念『民事法理論の諸問題』、上巻、成文堂、1993、19。
志村治美「最低資本金の法定」、『判例タイムズ』、839号、68。
斎藤哲＝森淳二朗＝上村達夫「現代有限会社法の判例と理論」、晃洋書房、1994。
坂田吉郎「諸外国の弁護士法人制について」、『自由と正義』、51巻8号、34。
髙橋英治「ドイツ会社法概説」、有斐閣、2012。
瀧澤菊太郎「商法・有限会社法の改正と中小企業」、『商事法務』、1201号、14。
田中耕太郎「改正商法及有限会社法概説」、有斐閣、1939。
早川勝「中小規模会社法制のあり方――ドイツ有限会社法の規制緩和と現代化（MoMiG）をめぐって」、奥島先生古稀記念　第1巻《上篇》『現代企業法学の理論と動態』、成文堂、2011、587。
別冊商事法務編集部編「会社法現代化の概要」、『別冊商事法務』、288。
丸山秀平「有限会社――平成13・14年改正」、『法学教室』、265号、37。
―――「有限会社法の成立前史としての法形式論争と2008年改正法」、『ドイツ会社法の研究』、中央経済社、2016（刊行予定）。
―――「いわゆる「会社の前身（Vorgesellshaft）」について」、田中誠二先生米寿記念論文『現代商事法の重要問題』、経済法令研究会、1984、26。
―――「西ドイツ有限会社法における一人設立制度の問題性」、『中央大学百周年記念論文集』（法学部）、1985、435。
―――「弁護士法人について」、『法学新報』、108巻9・10号、583。
森勇／米津孝司編「ドイツ弁護士法と労働法の現在」、『日本比較法研究所研究叢書』93、中央大学出版部、2014。
山本憲光「有限会社法の廃止に伴う経過措置」、相澤哲編著・『新・会社法の解説』（別冊商事法務295号）、商事法務研究会、229。

初 出 一 覧

第1章　「ドイツにおける有限責任事業会社制度の創設とその評価」日本比較法研究所60周年記念論文集、2011年3月刊
　補節　（書下ろし）
第2章　「有限責任事業会社の設立」龍谷法学43巻3号、2011年3月刊
第3章　「ドイツ有限会社法5a条2項2文による現物出資禁止規制の適用限界」中央ロー・ジャーナル9巻1号、2012年6月刊
第4章　「有限責任事業会社（UG）が有限会社（GmbH）という商号の付加語を用いた場合の行為者の責任」中央ロー・ジャーナル11巻1号、2014年6月刊
第5章　「ドイツにおける弁護士会社・弁護士株式会社・弁護士有限責任事業会社」札幌法学24巻2号、2013年3月刊
第6章　「ドイツにおけるパートナーシャフト有限職業責任会社の導入」中央ロー・ジャーナル11巻2号、2014年9月刊
第7章　（書下ろし）
Zusammenfassung I–VI　（一部書下ろし）

丸山　秀平

1950年生まれ。1974年中央大学法学部卒業。中央大学法学部助手・同助教授を経て、1986年より中央大学法学部教授。2004年4月より中央大学法科大学院教授。

〈主な著書〉
『新株式会社法概論』（中央経済社・2009）、『やさしい会社法（第13版）』（法学書院・2015）、『基礎コース商法Ⅰ（総則・商行為法　手形・小切手法）（第3版）』（新世社・2009）等。

〈主な論文〉
「社団法人としての一般社団法人と会社の異同について」川村正幸先生退職記念論文集『会社法・金融法の新展開』（中央経済社・2009）、「同族企業における事業承継―手段としての譲渡制限株式・相続人等に対する売渡しの請求―」法学新報114巻11・12号（2008）、「ドイツにおけるコーポレートガバナンスに関する規準の拘束性」法学新報109巻9・10号（2003）、「弁護士法人について」法学新報108巻9・10号（2002）等。

ドイツ有限責任事業会社（UG）

日本比較法研究所研究叢書（103）

2015年10月1日　初版第1刷発行

著　者　丸山　秀平
発行者　神﨑　茂治
発行所　中央大学出版部
〒192-0393
東京都八王子市東中野742番地1
電話 042-674-2351・FAX 042-674-2354
http://www2.chuo-u.ac.jp/up/

© 2015　丸山秀平　　ISBN978-4-8057-0803-3　　㈱千秋社

日本比較法研究所研究叢書

1	小 島 武 司 著	法律扶助・弁護士保険の比較法的研究		A 5 判 2800円
2	藤 本 哲 也 著	CRIME AND DELINQUENCY AMONG THE JAPANESE-AMERICANS		菊 判 1600円
3	塚 本 重 頼 著	アメリカ刑事法研究		A 5 判 2800円
4	小 島 武 司 編 外 間 寛	オムブズマン制度の比較研究		A 5 判 3500円
5	田 村 五 郎 著	非嫡出子に対する親権の研究		A 5 判 3200円
6	小 島 武 司 編	各国法律扶助制度の比較研究		A 5 判 4500円
7	小 島 武 司 著	仲裁・苦情処理の比較法的研究		A 5 判 3800円
8	塚 本 重 頼 著	英 米 民 事 法 の 研 究		A 5 判 4800円
9	桑 田 三 郎 著	国 際 私 法 の 諸 相		A 5 判 5400円
10	山 内 惟 介 編	Beiträge zum japanischen und ausländischen Bank- und Finanzrecht		菊 判 3600円
11	木 内 宜 彦 編著 M・ルッター	日 独 会 社 法 の 展 開		A 5 判 (品切)
12	山 内 惟 介 著	海事国際私法の研究		A 5 判 2800円
13	渥 美 東 洋 編	米国刑事判例の動向 I		A 5 判 (品切)
14	小 島 武 司 編著	調 停 と 法		A 5 判 (品切)
15	塚 本 重 頼 著	裁 判 制 度 の 国 際 比 較		A 5 判 (品切)
16	渥 美 東 洋 編	米国刑事判例の動向 II		A 5 判 4800円
17	日本比較法研究所編	比較法の方法と今日的課題		A 5 判 3000円
18	小 島 武 司 編	Perspectives on Civil Justice and ADR : Japan and the U. S. A.		菊 判 5000円
19	小 島：渥 美 編 清 水：外 間	フ ラ ン ス の 裁 判 法 制		A 5 判 (品切)
20	小 杉 末 吉 著	ロシア革命と良心の自由		A 5 判 4900円
21	小 島：渥 美 編 清 水：外 間	アメリカの大司法システム(上)		A 5 判 2900円
22	小 島：渥 美 編 清 水：外 間	Système juridique français		菊 判 4000円

日本比較法研究所研究叢書

23	小島・渥美・清水・外間 編	アメリカの大司法システム(下)	A5判 1800円
24	小島武司・韓相範編	韓国法の現在(上)	A5判 4400円
25	小島・渥美・川添・清水・外間 編	ヨーロッパ裁判制度の源流	A5判 2600円
26	塚本重頼著	労使関係法制の比較法的研究	A5判 2200円
27	小島武司・韓相範編	韓国法の現在(下)	A5判 5000円
28	渥美東洋編	米国刑事判例の動向Ⅲ	A5判 (品切)
29	藤本哲也著	Crime Problems in Japan	菊判 (品切)
30	小島・渥美・清水・外間 編	The Grand Design of America's Justice System	菊判 4500円
31	川村泰啓著	個人史としての民法学	A5判 4800円
32	白羽祐三著	民法起草者 穂積陳重論	A5判 3300円
33	日本比較法研究所編	国際社会における法の普遍性と固有性	A5判 3200円
34	丸山秀平編著	ドイツ企業法判例の展開	A5判 2800円
35	白羽祐三著	プロパティと現代的契約自由	A5判 13000円
36	藤本哲也著	諸外国の刑事政策	A5判 4000円
37	小島武司他編	Europe's Judicial Systems	菊判 (品切)
38	伊従寛著	独占禁止政策と独占禁止法	A5判 9000円
39	白羽祐三著	「日本法理研究会」の分析	A5判 5700円
40	伊従・山内・ヘイリー編	競争法の国際的調整と貿易問題	A5判 2800円
41	渥美・小島編	日韓における立法の新展開	A5判 4300円
42	渥美東洋編	組織・企業犯罪を考える	A5判 3800円
43	丸山秀平編著	続ドイツ企業法判例の展開	A5判 2300円
44	住吉博著	学生はいかにして法律家となるか	A5判 4200円

日本比較法研究所研究叢書

45	藤本哲也 著	刑事政策の諸問題	A5判	4400円
46	小島武司 編著	訴訟法における法族の再検討	A5判	7100円
47	桑田三郎 著	工業所有権法における国際的消耗論	A5判	5700円
48	多喜 寛 著	国際私法の基本的課題	A5判	5200円
49	多喜 寛 著	国際仲裁と国際取引法	A5判	6400円
50	眞田・松村 編著	イスラーム身分関係法	A5判	7500円
51	川添・小島 編	ドイツ法・ヨーロッパ法の展開と判例	A5判	1900円
52	西海・山野目 編	今日の家族をめぐる日仏の法的諸問題	A5判	2200円
53	加美和照 著	会社取締役法制度研究	A5判	7000円
54	植野妙実子 編著	21世紀の女性政策	A5判	(品切)
55	山内惟介 著	国際公序法の研究	A5判	4100円
56	山内惟介 著	国際私法・国際経済法論集	A5判	5400円
57	大内・西海 編	国連の紛争予防・解決機能	A5判	7000円
58	白羽祐三 著	日清・日露戦争と法律学	A5判	4000円
59	伊従・山内・ヘイリー・ネルソン	APEC諸国における競争政策と経済発展	A5判	4000円
60	工藤達朗 編	ドイツの憲法裁判	A5判	(品切)
61	白羽祐三 著	刑法学者牧野英一の民法論	A5判	2100円
62	小島武司 編	ADRの実際と理論 I	A5判	(品切)
63	大内・西海 編	United Nation's Contributions to the Prevention and Settlement of Conflicts	菊判	4500円
64	山内惟介 著	国際会社法研究 第一巻	A5判	4800円
65	小島武司 著	CIVIL PROCEDURE and ADR in JAPAN	菊判	(品切)
66	小堀憲助 著	「知的(発達)障害者」福祉思想とその潮流	A5判	2900円

日本比較法研究所研究叢書

67	藤本哲也 編著	諸外国の修復的司法	A5判 6000円
68	小島武司 編	ＡＤＲの実際と理論Ⅱ	A5判 5200円
69	吉田豊 著	手付の研究	A5判 7500円
70	渥美東洋 編著	日韓比較刑事法シンポジウム	A5判 3600円
71	藤本哲也 著	犯罪学研究	A5判 4200円
72	多喜寛 著	国家契約の法理論	A5判 3400円
73	石川・エーラース グロスフェルト・山内 編著	共演 ドイツ法と日本法	A5判 6500円
74	小島武司 編著	日本法制の改革：立法と実務の最前線	A5判 10000円
75	藤本哲也 著	性犯罪研究	A5判 3500円
76	奥田安弘 著	国際私法と隣接法分野の研究	A5判 7600円
77	只木誠 著	刑事法学における現代的課題	A5判 2700円
78	藤本哲也 著	刑事政策研究	A5判 4400円
79	山内惟介 著	比較法研究 第一巻	A5判 4000円
80	多喜寛 編著	国際私法・国際取引法の諸問題	A5判 2200円
81	日本比較法研究所 編	Future of Comparative Study in Law	菊判 11200円
82	植野妙実子 編著	フランス憲法と統治構造	A5判 4000円
83	山内惟介 著	Japanisches Recht im Vergleich	菊判 6700円
84	渥美東洋 編	米国刑事判例の動向Ⅳ	A5判 9000円
85	多喜寛 著	慣習法と法的確信	A5判 2800円
86	長尾一紘 著	基本権解釈と利益衡量の法理	A5判 2500円
87	植野妙実子 編著	法・制度・権利の今日的変容	A5判 5900円
88	畑尻剛 工藤達朗 編	ドイツの憲法裁判 第二版	A5判 8000円

日本比較法研究所研究叢書

89	大村雅彦 著	比較民事司法研究	A5判 3800円
90	中野目善則 編	国際刑事法	A5判 6700円
91	藤本哲也 著	犯罪学・刑事政策の新しい動向	A5判 4600円
92	山内惟介 ヴェルナー・F・エブケ 編著	国際関係私法の挑戦	A5判 5500円
93	森津孝司 編	ドイツ弁護士法と労働法の現在	A5判 3300円
94	多喜寛 著	国家（政府）承認と国際法	A5判 3300円
95	長尾一紘 著	外国人の選挙権 ドイツの経験・日本の課題	A5判 2300円
96	只木誠 ハラルド・バウム 編	債権法改正に関する比較法的検討	A5判 5500円
97	鈴木博人 著	親子福祉法の比較法的研究Ⅰ	A5判 4500円
98	橋本基弘 著	表現の自由　理論と解釈	A5判 4300円
99	植野妙実子 著	フランスにおける憲法裁判	A5判 4500円
100	椎橋隆幸 編著	日韓の刑事司法上の重要課題	A5判 3200円
101	中野目善則 著	二重危険の法理	A5判 4200円
102	森勇 編著	リーガルマーケットの展開と弁護士の職業像	A5判 6700円

＊価格は本体価格です。別途消費税が必要です。